女性生活法律百科

常见妇女维权纠纷化解指南

马芳◎编著

中国法制出版社
CHINA LEGAL PUBLISHING HOUSE

前　言

保障妇女的合法权益是全社会的共同责任。近些年来，随着我国普法工作的深入，广大女性的法律意识得到了普遍的增强。随之，妇联组织、人民调解委员会、“法律明白人”工作中接访调处的妇女相关的法律问题也越来越多。生活中，有的女性遇到恋爱、婚姻纠纷，面临夫妻财产分割及子女抚养争议；有的遭遇家庭暴力、就业受到歧视，人格与人身权利被侵犯；有的被排除、限制享有土地权益等。

法律是维权的利器。有些女性遭遇了侵害自己合法权益的行为，却因为不懂法律知识、不了解政策规定，而不知道该怎样保护自己。在此，为帮助妇联干部、人民调解员、“法律明白人”等基层工作人员更好地为妇女提供法律帮助，提高依法化解侵害妇女权益纠纷的能力，同时给女性朋友提供一本依法维权的法律知识指南，我们特别编写了这本《女性生活法律百科——常见妇女维权纠纷化解指南》。

书中分别列举女性在恋爱及婚姻家庭、人格与人身、政治与文化教育、劳动就业、财产继承与保护、农村土地、消费购物、医疗卫生、反家庭暴力等领域常见纠纷的案例，依据《宪法》《民法典》《妇女权益保障法》《村民委员会组织法》《劳动法》《女职工劳动保护特别规定》《农村土地承包法》《消费者权益保护法》《母婴保健法》《反家庭暴力法》《刑法》《人民调解法》《仲裁法》《法律援助法》《社会救助暂行办法》等法律法规进行答疑解惑，以期为帮助广大妇女维护自身合法权益略尽绵薄之力。

笔者

2024年4月

目　录

第七章　消费购物权益 / 195

第一章

恋爱、婚姻、家庭

妇女在恋爱、婚姻、家庭中扮演着重要角色。恋爱、婚姻、家庭法律问题也是妇联干部、人民调解员、“法律明白人”工作中受到咨询的重点。本章依据《民法典》《最高人民法院关于适用〈中华人民共和国民法典〉婚姻家庭编的解释（一）》《妇女权益保障法》等法律及司法解释，介绍女性在恋爱、婚姻期间遇到的婚约财产、同居法律问题的处理，可撤销和无效婚姻的情形，家庭生活中常见的财产、抚养、赡养等问题的解决以及与离婚相关的法律知识。帮助广大女性在知权、维权的同时遵守国家法律，尊重社会公德，履行法律所规定的义务，依法构筑幸福生活。

一、常见恋爱法律问题

1. 恋爱期间男方赠与女方的礼物，分手时有权要回吗？

现实困惑

小戚与男友恋爱两年，后因感情不和分手。在恋爱期间，男友曾经在节日、生日等特殊日子里向她赠送首饰、包包、衣服等礼物，总价值约6万元。分手后，男友要求小戚返还自己在恋爱期间赠送的礼物。请问，恋爱期间男方赠与女方的礼物，分手时是否有权要回？

法律依据

《民法典》

第六百五十八条　赠与人在赠与财产的权利转移之前可以撤销赠与。

……

第六百六十三条　受赠人有下列情形之一的，赠与人可以撤销赠与：

（一）严重侵害赠与人或者赠与人近亲属的合法权益；

（二）对赠与人有扶养义务而不履行；

（三）不履行赠与合同约定的义务。

赠与人的撤销权，自知道或者应当知道撤销事由之日起一年内行使。

依法答疑

赠与是一种赠与人表示赠与、受赠人表示接受的法律关系，情侣在恋爱期间互相赠送礼物属于赠与的范畴。赠与人对赠与财产享有撤销权，但必须在法律规定的特定情况下才能行使。一般来说，如果受赠人不存在任何法律规定的过错，赠与人只能在赠与财产的权利转移之前撤销赠与。一旦赠与财产的权利发生转移，赠与人就不能再撤销赠与。

在上面的案例中，男友向小戚赠送的礼物属于赠与财产。这些礼物属于动产，而一般动产权利的转移以交付为准。也就是说，当男友将这些礼物交到小戚手中时，这些礼物就已经属于小戚所有，分手后男友不得要求返还。

2. 男朋友父母给的见面礼，分手后需要返还吗？

现实困惑

小余大学毕业后，到男友家见了家长。听说两人有结婚的意愿，男友的父母便以两人结婚为前提，给了小余2万元见面礼。过了几个月，小余与男友因未来的职业规划不同而分手。请问，小余是否有义务返还见面礼？

法律依据

《民法典》

第六百五十七条　赠与合同是赠与人将自己的财产无偿给予受赠人，受赠人表示接受赠与的合同。

依法答疑

从法律规定可以看出，赠与关系其实是通过合同确立的。也就是说，即使赠与双方在达成赠与合意时并未签订书面合同，实际上也已经形成了口头上的赠与合同。正因双方之间存在赠与合同，代表着赠与双方可以对赠与的具体事项在不违反法律规定的前提下自由约定。如果赠与一方在赠与时，提出赠与是附有条件的，那么如果条件没有达成，接受赠与的一方应当将赠与财产返还。

在上面的案例中，小余在见家长时接受了男友父母的赠与。可以看出，男友父母在将2万元交给小余时，是以她和男友未来会结婚为前提条件的。也就是说，男友父母的赠与行为是附条件的赠与。一旦小余和男友分手，赠与关系就不能成立，因此她应当在分手后将见面礼返还给男友的父母。

3. 婚前男方在房产证上添加了女方名字，离婚时女方有权分割这套房产吗？

现实困惑

小付的男友有一套全款购买的房屋，两人决定结婚后，男友为了表达对她的爱意和结婚的诚心，在房产证上加了小付的名字。请问，如果未来小付和男友结婚后又离婚，可以分割该套房屋吗？

法律依据

《民法典》

第二百零九条 不动产物权的设立、变更、转让和消灭，经依法登记，发生效力；未经登记，不发生效力，但是法律另有规定的除外。

……

依法答疑

准备结婚的男女在一方购买房屋的房产证上登记两人的姓名是很常见的。一般来说，这样的行为是为了促进婚姻的缔结，使双方的感情更加稳定。根据法律的规定，房屋作为不动产，在产权证书上登记的姓名即表示该房屋在法律上的所有人。因此，在房产证上添加姓名的行为可以视为该房屋将成为两人的共有财产。

在上面的案例中，小付男友的房屋为其婚前全款购买，本应为其婚前的个人财产。但是，男友在房产证上加小付名字的行为就表明他认可将该房屋作为夫妻共同财产。也就是说，如果未来两人离婚，即使小付并未出资购买该房屋，但仍然有权对该房屋进行分割。在分割该房屋时双方可以协商，协商不成，可以提起诉讼。但是，由于小付并未出资，法院也会考虑到这一点，从而作出小付分得较少份额的判决。

4. 婚前给的彩礼属于女方的个人财产吗?

现实困惑

小陆与男友结婚前，按照当地习俗，男友家给了她8万元彩礼。请问，结婚以后，彩礼是否属于小陆的个人财产?

法律依据

《民法典》

第一千零六十三条　下列财产为夫妻一方的个人财产：

（一）一方的婚前财产；

（二）一方因受到人身损害获得的赔偿或者补偿；

（三）遗嘱或者赠与合同中确定只归一方的财产；

（四）一方专用的生活用品；

（五）其他应当归一方的财产。

依法答疑

彩礼是我国的结婚习俗之一，其数额往往是男女双方在婚前确定的，目的是促成婚姻关系的缔结。因此，彩礼在社会以及习俗上的性质决定了它是一方对另一方的婚前赠与，应当属于接受彩礼一方的个人财产。

在上面的案例中，小陆男友家在婚前给付她的8万元彩礼，应当视为对她的赠与，属于她的个人财产。

5. 父母陪嫁的嫁妆属于夫妻共同财产吗？

现实困惑

小王与男友领取结婚证后，在当地举办了婚礼。小王的父母在婚礼上当场为她包了一个5万元的红包，作为女儿陪嫁的嫁妆。请问，小王的这份嫁妆是否属于夫妻共同财产？

法律依据

《民法典》

第一千零六十二条　夫妻在婚姻关系存续期间所得的下列财

产，为夫妻的共同财产，归夫妻共同所有：

（一）工资、奖金、劳务报酬；

（二）生产、经营、投资的收益；

（三）知识产权的收益；

（四）继承或者受赠的财产，但是本法第一千零六十三条第三项规定的除外；

（五）其他应当归共同所有的财产。

夫妻对共同财产，有平等的处理权。

第一千零六十三条 下列财产为夫妻一方的个人财产：

……

（三）遗嘱或者赠与合同中确定只归一方的财产；

……

依法答疑

要判断嫁妆的归属问题，需要看嫁妆的给付时间是在婚前还是在婚后。

根据法律规定可知，在夫妻结婚后，他人向夫妻一方或双方赠与财产的，除了明确确定为赠与一方的以外，都属于夫妻共同财产。也就是说，如果嫁妆是在婚前给付，那么应当认定为女方的个人财产；如果是在婚后给付，而且女方父母未明确指出嫁妆只赠与女方一人，那么就属于夫妻共同财产，归夫妻共同所有。

在上面的案例中，小王与男友在领取了结婚证后才举办婚礼。一旦领取结婚证，就说明两人之间形成了法律意义上的婚姻关系。因此，小王的父母在婚礼上陪嫁的嫁妆未明确说明只赠与女儿，应当认定为是赠与夫妻两人的，属于夫妻共同财产。

6. 婚前女方用彩礼钱购买的汽车，属于夫妻共同财产吗？

现实困惑

小唐与男友订婚后，男友家向她的账户转账10万元作为彩礼。小唐用这笔钱购买了一辆价值8万元的汽车。请问，该汽车是否属于夫妻共同财产？

法律依据

《民法典》

第一千零六十三条 下列财产为夫妻一方的个人财产：

（一）一方的婚前财产；

（二）一方因受到人身损害获得的赔偿或者补偿；

（三）遗嘱或者赠与合同中确定只归一方的财产；

（四）一方专用的生活用品；

（五）其他应当归一方的财产。

依法答疑

要确定该汽车是否属于夫妻共同财产，首先需要确认购买该汽车的彩礼是否属于夫妻共同财产。根据法律的规定，一方的婚前财产属于夫妻一方的个人财产，并不会在婚后变为夫妻共同财产。

在上面的案例中，小唐虽然与男友订了婚，但双方并未形成法律上的婚姻关系。此时收到的彩礼应当属于小唐的婚前财产，不属于夫妻共同财产。因此，小唐利用彩礼购买的汽车虽然是打算在婚后由夫妻共同使用，但仍然属于她的个人财产。

7. 恋爱时与男友一起买的房，分手时该如何分割？

现实困惑

小冯与男友相恋多年，终于走到了谈婚论嫁这一步。两人在举办订婚仪式后，约定半年后领证办婚礼。在办婚礼前，小冯与男友共同出资购买了一套住房。不久，因男友出轨，两人分手。请问，小冯与男友一起购买的住房应当如何分割？

法律依据

《民法典》

第三百零八条 共有人对共有的不动产或者动产没有约定为按份共有或者共同共有，或者约定不明确的，除共有人具有家庭关系等外，视为按份共有。

第三百零九条 按份共有人对共有的不动产或者动产享有的份额，没有约定或者约定不明确的，按照出资额确定；不能确定出资额的，视为等额享有。

依法答疑

情侣之间共同购买房屋、汽车等，双方虽然尚未具备法律上的婚姻关系，但只要对该财产均有出资，该财产就属于双方的共有财产。由于情侣之间并不具有家庭关系，因此在未约定共有方式的情况下，该财产应当以各自出资的份额由双方按份共有。

在上面的案例中，小冯在恋爱期间与男友共同购买的住房应当由两人按份共有，并且按照双方的出资额对该住房享有份额。分手时，双方可以通过对该房屋进行折价、变卖或者由一方对另一方进行补偿等方式，来分割该房屋的价值。

8. 结婚前签订的财产协议，婚后是否有效？

现实困惑

小张与相恋多年的男友准备结婚。婚前，两人决定打破传统的婚姻习惯，在婚后自己管自己的钱。为了保障在婚后落实这一意愿，两人签订了财产协议，约定婚后获得的财产归各自所有，而非夫妻共同财产。请问，小张与男友签订的财产协议在婚后是否有效？

法律依据

《民法典》

第一千零六十五条　男女双方可以约定婚姻关系存续期间所得的财产以及婚前财产归各自所有、共同所有或者部分各自所有、部分共同所有。约定应当采用书面形式。没有约定或者约定不明确的，适用本法第一千零六十二条、第一千零六十三条的规定。

夫妻对婚姻关系存续期间所得的财产以及婚前财产的约定，对双方具有法律约束力。

……

依法答疑

在我国《民法典》中，虽然规定了夫妻共同财产的范围，但是该规定并非强制性的。对于婚后获得财产的归属，男女之间可以自由进行约定。无论财产协议是在婚前还是在婚后签订，只要体现的是双方的真实意愿，就具备法律效力，对双方均有约束力。如果离婚时发生纠纷，财产协议也可以作为解决纠纷的依据。

在上面的案例中，小张与男友在婚前签订的财产协议，约定了两人婚后的财产归各自所有。该约定内容符合法律的规定，也体现了两人的真实意愿，具有法律效力。在小张与男友结婚后，各自获得的财产将按照财产协议的约定确定归属。

9. 同居期间怀孕流产，分手时能要求男友补偿医疗费吗?

现实困惑

小舒与男友交往两年多，感情稳定，遂决定一起居住。同居期间，小舒怀孕后不慎流产，身体受到了不小的伤害，也花费了不少医疗费。后两人因感情不和分手。请问，分手时小舒能否要求男友补偿她因流产而花费的医疗费呢?

法律依据

《民法典》

第六条　民事主体从事民事活动，应当遵循公平原则，合理确定各方的权利和义务。

第一千一百八十六条 受害人和行为人对损害的发生都没有过错的，依照法律的规定由双方分担损失。

依法答疑

对于情侣分手时，女方是否能要求男方补偿因流产而产生的医疗费用这一问题，我国法律并没有明确的规定。但是，我国《民法典》规定了公平原则，即双方在均没有过错的情况下，可以公平地分担损失，以避免其中一方承担的损失过重。将此原则对应到医疗费分担这一问题上，则可以由男女双方共同承担所产生的医疗费。

在上面的案例中，小舒怀孕并不是她一人造成的，男友同样需要负起责任。作为女性，小舒在流产后所遭受到的身体伤害更大，而男友却无法分担这种身体上的伤害。出于公平原则的考虑，小舒的男友应对她所花费的医疗费进行适当的补偿。

10. 恋爱时男方为女方开通的“亲密付”属于借款吗?

现实困惑

小熊与男友恋爱期间，男友为了表达自己的爱意，在支付宝上为她开通了“亲密付”，用于支付日常吃喝等小额花费。

两年后，两人分手时，男友要求小熊返还用“亲密付”支付的费用。请问，男友开通的“亲密付”属于借款吗？

法律依据

《民法典》

第六百五十七条 赠与合同是赠与人将自己的财产无偿给予受赠人，受赠人表示接受赠与的合同。

第六百六十七条 借款合同是借款人向贷款人借款，到期返还借款并支付利息的合同。

依法答疑

与普通朋友关系相比，情侣关系的亲密度更高，在恋爱期间互送一些小礼物、互相帮忙支付消费账单都是很正常的事情。一般来说，情侣互相为对方支付的小额消费，是为了促进双方的感情，更适宜认定为赠与而不是借款。但是，如果在恋爱期间，一方明确给另一方打了欠条或有其他借款表示的，就应当认定为借款而不是赠与。

在上面的案例中，小熊的男友为她开通“亲密付”，是情侣之间的正常行为，且为日常的小额消费。将该费用认定为男友对她的赠与更为合适，分手后无须返还。

二、可撤销和无效的婚姻

11.被男友威胁与其结婚，婚后能要求撤销婚姻吗？

现实困惑

小汪与申某谈恋爱时，曾被对方拍过裸照。接触中，小汪越来越觉得申某不靠谱，遂提出分手。但是，申某威胁小汪如果不结婚，就将她的裸照散布出去，小汪无奈妥协。婚后半年，小汪对自己的决定感到后悔。请问，此时她能申请撤销与申某之间的婚姻吗？

法律依据

《民法典》

第一千零五十二条　因胁迫结婚的，受胁迫的一方可以向人民法院请求撤销婚姻。

请求撤销婚姻的，应当自胁迫行为终止之日起一年内提出。

被非法限制人身自由的当事人请求撤销婚姻的，应当自恢复人身自由之日起一年内提出。

《最高人民法院关于适用〈中华人民共和国民法典〉婚姻家庭编的解释（一）》

第十八条 行为人以给另一方当事人或者其近亲属的生命、身体、健康、名誉、财产等方面造成损害为要挟，迫使另一方当事人违背真实意愿结婚的，可以认定为民法典第一千零五十二条所称的“胁迫”。

因受胁迫而请求撤销婚姻的，只能是受胁迫一方的婚姻关系当事人本人。

依法答疑

婚姻是神圣的，应当是男女双方在爱的催动下，出于自愿而作出的选择。成立婚姻关系应当完全尊重男女双方的意愿，不得采取威胁、强迫等方式逼迫任何一方结婚。因受胁迫而结婚的一方，有权向法院请求撤销两人之间的婚姻关系。

在上面的案例中，申某以散布小汪的裸照为要挟，胁迫小汪与其结婚。可以看出，如果申某散布照片，很可能对小汪的名誉造成严重损害。小汪在此基础上作出的结婚决定，并不能代表她的真实意愿。小汪可以向法院申请撤销婚姻，并且要尽快，避免错过法律规定的一年期限。

12. 备孕时发现男方患有严重的遗传性疾病，可以请求撤销婚姻吗？

现实困惑

任某（女）与古某（男）结婚一年后，准备生个宝宝。但就在任某备孕时，古某突然向她坦白，自己患有严重的遗传性疾病，还会遗传给宝宝。任某得知此事后很受打击。请问，她可以因此请求撤销婚姻吗？

法律依据

《民法典》

第一千零五十三条　一方患有重大疾病的，应当在结婚登记前如实告知另一方；不如实告知的，另一方可以向人民法院请求撤销婚姻。

请求撤销婚姻的，应当自知道或者应当知道撤销事由之日起一年内提出。

依法答疑

从法律规定可以看出，男女双方应当在婚前向对方告知自己所患有的重大疾病，这是其应当履行的义务。这样规定是出于两个方面的考虑：一方面，如果该重大疾病是具有传染性的，婚后很可能会传染给另一方；另一方面，如果该重大疾病是遗传性的，婚后很可能会对下一代造成影响。

在上面的案例中，古某患有严重的遗传性疾病，对下一代有不利影响。对于古某在婚前隐瞒自己疾病的行为，任某有权向法院申请撤销与他之间的婚姻关系。

13. 婚后发现男方一穷二白，可以申请撤销婚姻吗？

现实困惑

李某（女）与冯某（男）在交友软件上认识。冯某声称自己是富二代，且平时出手十分大方。李某信以为真，两人很快就确定了恋爱关系，并领取了结婚证。婚后，她才发现冯某实际上一穷二白。请问，李某可以向法院申请撤销婚姻吗？

法律依据

《民法典》

第一千零五十二条　因胁迫结婚的，受胁迫的一方可以向人民法院请求撤销婚姻。

请求撤销婚姻的，应当自胁迫行为终止之日起一年内提出。

被非法限制人身自由的当事人请求撤销婚姻的，应当自恢复人身自由之日起一年内提出。

第一千零五十三条　一方患有重大疾病的，应当在结婚登记前如实告知另一方；不如实告知的，另一方可以向人民法院请求撤销婚姻。

请求撤销婚姻的，应当自知道或者应当知道撤销事由之日起一年内提出。

依法答疑

从法律规定可以看出，法律所规定的可以撤销婚姻的情形主要有两种：一种是当事人受到了胁迫；另一种是一方在婚前隐瞒其患有重大疾病的事实。

在上面的案例中，虽然冯某在婚前对自己的实际情况有所隐瞒，但其行为并不符合法律所规定的可以撤销婚姻的情形。因此，李某不能向法院申请撤销婚姻。如果她与冯某的感情确已破裂，可以向法院提起离婚诉讼。

14. 婚姻被撤销以后，之前两人购买的房产该如何分割?

现实困惑

庞女士在与王某结婚半年多时才发现王某隐瞒了其患有重大疾病的事实。无法接受这件事情的庞女士向法院提出了撤销婚姻的申请。但是，庞女士与王某在领证后曾购买了一套房屋。请问，在两人的婚姻关系被撤销后，该房屋该如何分割？

法律依据

《民法典》

第一千零五十四条 无效的或者被撤销的婚姻自始没有法律约束力，当事人不具有夫妻的权利和义务。同居期间所得的财产，由当事人协议处理；协议不成的，由人民法院根据照顾无过错方的原则判决。对重婚导致的无效婚姻的财产处理，不得侵害合法婚姻当事人的财产权益。当事人所生的子女，适用本法关于父母子女的规定。

婚姻无效或者被撤销的，无过错方有权请求损害赔偿。

《最高人民法院关于适用〈中华人民共和国民法典〉婚姻家庭编的解释（一）》

第二十二条 被确认无效或者被撤销的婚姻，当事人同居期间所得的财产，除有证据证明为当事人一方所有的以外，按共同共有处理。

依法答疑

撤销婚姻与离婚不同，离婚所代表的是夫妻之间的婚姻关系结束，而不能否认婚姻关系曾存在过。而撤销婚姻所代表的是婚姻关系从一开始便不存在，婚姻被撤销后，从法律的角度看，当事人之间就从未存在过婚姻关系。但是，在有些时候，当事人之间还可能存在一定的财产或子女抚养纠纷。此时，当事人可以进行协商，决定财产的分配与子女的抚养问题。

在上面的案例中，庞女士与王某之间的婚姻被撤销后，根据法律的规定，两人所购买的房屋不属于夫妻共同财产，而应当视为两人共同共有的财产，可以由两人协商确定如何分割。如果无法达成协议，庞女士则可以提起诉讼，由法院根据双方的出资比例、过错程度等因素，作出合理的判决。

15. 在哪些情形下，婚姻无效？

现实困惑

小程（女）与小于（男）两人的母亲是同父异母的姐妹。两人在举办婚礼后，便一起生活，并在两年后到当地民政局补办了结婚登记手续。请问，小程与小于的婚姻是否具有法律效力？在哪些情形下，婚姻无效？

法律依据

《民法典》

第一千零四十八条　直系血亲或者三代以内的旁系血亲禁止结婚。

第一千零五十一条　有下列情形之一的，婚姻无效：

（一）重婚；

（二）有禁止结婚的亲属关系；

（三）未到法定婚龄。

依法答疑

由法律规定可以看出，《民法典》规定了婚姻无效的三种情形，当事人具有这三种情形之一时，无论其结婚是否出于自愿，其婚姻都属于无效婚姻，可以向法院申请认定婚姻无效。婚姻一旦被法院认定无效后，便归于消灭，当事人之间在法律上自始不存在婚姻关系。

在上面的案例中，小程与小于是表兄妹，属于法律禁止结婚的三代以内旁系血亲。因此，小程与小于之间的婚姻属于无效婚姻，不被法律所承认。

16. 如果有婚姻无效的情形，当事人可以怎样维权？

现实困惑

乔女士与程某领取了结婚证后，怀疑程某是重婚。请问，如果程某真的属于重婚，那他们之间的婚姻就是无效的，乔女士该如何维护自己的权利？

法律依据

《民法典》

第一千零五十四条　无效的或者被撤销的婚姻自始没有法律约束力，当事人不具有夫妻的权利和义务。同居期间所得的财产，由当事人协议处理；协议不成的，由人民法院根据照顾无过错方的原则判决。对重婚导致的无效婚姻的财产处理，不得侵害合法婚姻当事人的财产权益。当事人所生的子女，适用本法关于父母子女的规定。

婚姻无效或者被撤销的，无过错方有权请求损害赔偿。

《最高人民法院关于适用〈中华人民共和国民法典〉婚姻家庭编的解释（一）》

第九条　有权依据民法典第一千零五十一条规定向人民法院就已办理结婚登记的婚姻请求确认婚姻无效的主体，包括婚姻当事人及利害关系人。其中，利害关系人包括：

（一）以重婚为由的，为当事人的近亲属及基层组织；

（二）以未到法定婚龄为由的，为未到法定婚龄者的近亲属；

（三）以有禁止结婚的亲属关系为由的，为当事人的近亲属。

第十七条　当事人以民法典第一千零五十一条规定的三种无效婚姻以外的情形请求确认婚姻无效的，人民法院应当判决驳回当事人的诉讼请求。

……

依法答疑

当事人确认婚姻无效，需要注意以下两个问题：第一，婚姻无效的情形必须属于法律规定的三种情形之一，即重婚、有禁止结婚的亲属关系、未到法定婚龄。不属于这三种情形，当事人不能申请确认婚姻无效。第二，申请确认婚姻无效的主体不仅限于婚姻当事人，还包括其他法定的利害关系人。例如，甲与乙未到法定婚龄便办理了结婚登记，在这种情况下，除甲、乙本人可以申请确认婚姻无效外，甲、乙的近亲属，如父母、祖父母、外祖父母、兄弟姐妹等，也可以申请确认两人的婚姻无效。当婚姻被确认无效后，当事人同居期间所产生的财产和子女问题可以由当事人进行协商，协商不成的可以向法院起诉。此外，作为无效婚姻的无过错方，还可以向有过错一方请求损害赔偿。

在上面的案例中，程某如果在已经与他人结婚的前提下，又与乔女士领取了结婚证，属于重婚，他与乔女士之间的婚姻应当属于无效婚姻。乔女士可以请求法院确认婚姻无效。同时，作为无过错的一方，乔女士还可以向程某主张损害赔偿。

三、常见家庭生活法律问题

17. 丈夫长期贬低妻子的家庭地位，妻子可以要求调解吗？

现实困惑

裴女士与丈夫结婚后，为了方便照顾家庭和接送孩子，找了一份月薪只有3000元但时间比较灵活的工作。而丈夫多次升职加薪后，月薪高过裴女士好几倍。由于裴女士工资收入低，丈夫声称她没有为家庭做贡献，经常对她冷言冷语，家里的大事也总是独自做主，从不让她插手。裴女士感觉自己在家里就像个保姆，丈夫更是从没帮助她做过任何家务，却经常对她颐指气使、呼来唤去。几年后裴女士精神出现抑郁。请问，裴女士有权要求人民调解委员会进行调解吗？

法律依据

《民法典》

第一千零五十五条　夫妻在婚姻家庭中地位平等。

《妇女权益保障法》

第六十条 国家保障妇女享有与男子平等的婚姻家庭权利。

第七十二条 对侵害妇女合法权益的行为，任何组织和个人都有权予以劝阻、制止或者向有关部门提出控告或者检举。有关部门接到控告或者检举后，应当依法及时处理，并为控告人、检举人保密。

妇女的合法权益受到侵害的，有权要求有关部门依法处理，或者依法申请调解、仲裁，或者向人民法院起诉。

对符合条件的妇女，当地法律援助机构或者司法机关应当给予帮助，依法为其提供法律援助或者司法救助。

依法答疑

男女双方结婚以后，就成为一个共同体，两人应当互谅互让，共同为家庭做贡献。而夫妻双方的家庭地位也并不会因为收入、性别、家境等存在任何差别。

在上面的案例中，从法律规定来看，国家保障妇女享有与男子平等的人身和人格权益，保障其享有与男子平等的婚姻家庭权利。人民调解组织有预防和调解纠纷的职责，应进行普法宣传，引导妇女及其家庭成员遵纪守法、尊重社会公序良俗，倡导平等和睦文明的婚姻家庭关系。裴女士可以找到人民调解委员会等组织申请调解，依法维护自己的权益。

18. 丈夫要求妻子辞职照顾家庭，妻子有权反对吗?

现实困惑

章女士与丈夫结婚五年后，终于怀上了两人的第一个孩子。在章女士怀孕期间，丈夫要求她直接辞掉工作，安心养胎，并要求她在孩子生下来后也不要去上班了，在家专心照顾孩子和家庭。章女士不愿意辞去工作，丈夫便与她冷战。请问，章女士有权反对丈夫的干涉吗?

法律依据

《民法典》

第一千零五十七条 夫妻双方都有参加生产、工作、学习和社会活动的自由，一方不得对另一方加以限制或者干涉。

依法答疑

结婚以后，夫妻可以根据双方的工作和生活安排，对家庭责任进行分工。但是，这应当建立在友好协商的基础上。如果双方在经过协商后一致同意妻子成为全职主妇，妻子可以辞职。但是，如果妻子不想辞职，根据《民法典》的相关规定，丈夫是不能对妻子的决定横加干涉的，妻子有权反对。

在上面的案例中，章女士不想成为全职主妇，而是想要继续工作，她的丈夫应对妻子的决定给予尊重，与她共同承担起照顾家庭的责任。

19. 丈夫擅自给网红女主播打赏，妻子能否追回该笔钱款？

现实困惑

江女士无意中发现丈夫总是背着她观看网红女主播的视频，甚至还在直播间进行大额打赏。请问，江女士能追回丈夫打赏给主播的钱款吗？

法律依据

《民法典》

第一千零六十条 夫妻一方因家庭日常生活需要而实施的民事法律行为，对夫妻双方发生效力，但是夫妻一方与相对人另有约定的除外。

夫妻之间对一方可以实施的民事法律行为范围的限制，不得对抗善意相对人。

第一千零六十二条 夫妻在婚姻关系存续期间所得的下列财产，为夫妻的共同财产，归夫妻共同所有：

（一）工资、奖金、劳务报酬；

（二）生产、经营、投资的收益；

（三）知识产权的收益；

（四）继承或者受赠的财产，但是本法第一千零六十三条第三项规定的除外；

（五）其他应当归共同所有的财产。

夫妻对共同财产，有平等的处理权。

依法答疑

根据法律的规定，对于夫妻共同财产，夫妻双方都有平等的处理权。对于超出家庭日常生活以外的大额消费，应当在征求对方同意后再进行。一方在另一方不知情的情况下擅自处分夫妻共同财产的行为侵犯了另一方的权利，另一方在部分情况下有权追回。而判断另一方能否追回的关键，主要在于接受财产的一方是否为善意相对人。

在上面的案例中，江女士的丈夫对主播进行大额打赏，侵害了夫妻共同财产。与普通的赠与不同，在网络平台上的打赏是具有消费性质的。这是因为对于网络直播来说，观众往往采取购买礼物等方式向主播打赏。购买礼物所花费的钱不完全属于主播，而是要经过平台抽成、支付平台维护费用等。因此，相对来说，平台与主播为善意相对人，在大多数情况下，江女士丈夫对主播进行的大额打赏是不能追回的，除非有证据证明主播与江女士丈夫之间存在不正当关系，或者主播明知其已经结婚仍诱使其使用夫妻共同财产进行打赏。

20. 丈夫给第三者的大额转账、名贵礼物，妻子能要求返还吗？

现实困惑

王女士无意中发现丈夫有一名外遇对象，并且经常在各种节日向她大额转账，还为其购买了不少名贵的礼物。请问，王女士能否要求丈夫的外遇对象将这些转账以及礼物返还呢？

法律依据

《民法典》

第八条 民事主体从事民事活动，不得违反法律，不得违背公序良俗。

第一千零六十条 夫妻一方因家庭日常生活需要而实施的民事法律行为，对夫妻双方发生效力，但是夫妻一方与相对人另有约定的除外。

夫妻之间对一方可以实施的民事法律行为范围的限制，不得对抗善意相对人。

依法答疑

从法律规定可以看出，夫妻一方要对夫妻共同财产进行处分，如果该处分属于家庭日常生活需要的，那么夫妻一方可以独立作出决定。但是，如果该处分超出了家庭日常生活需要的范畴，那么就应当由夫妻双方协商决定，否则将会侵害另一方对夫妻共同财产的处分权。也就是说，对于超出家庭日常生活需要而实施的处分夫妻共同财产的行为，应当在夫妻双方同意的情况下作出。而向外遇的第三者大额转账、赠送名贵礼物的行为，不仅有违公序良俗，还明显不属于家庭日常生活需要，侵害了王女士作为妻子对夫妻共同财产所享有的权利。

在上面的案例中，王女士的丈夫给第三者转账、送礼物的行为，与其他赠与不同的是该行为带有感情因素。而身为已婚人士，发展婚外情乃至向第三者进行赠与的行为不仅侵害了王女士的权益，更违背了我国《民法典》所规定的公序良俗原则，因此是违法的。王女士有权要求第三者返还所收到的转账及礼物。

21. 丈夫继承的房产是其个人财产还是夫妻共同财产?

现实困惑

曹女士的丈夫是家里的独生子，公公婆婆去世后留下了一套房产，丈夫是唯一的继承人。并且，公公婆婆在生前并未留下任何遗嘱。请问，丈夫继承的该房产是属于他的个人财产还是夫妻共同财产？

法律依据

《民法典》

第一千零六十二条 夫妻在婚姻关系存续期间所得的下列财产，为夫妻的共同财产，归夫妻共同所有：

……

（四）继承或者受赠的财产，但是本法第一千零六十三条第三项规定的除外；

……

第一千零六十三条 下列财产为夫妻一方的个人财产：

……

（三）遗嘱或者赠与合同中确定只归一方的财产；

……

依法答疑

夫妻一方在婚后所继承的遗产，一般来说应当属于夫妻二人的共同财产。但是，如果被继承人立下遗嘱，指定遗产为该方继承的，那么该笔遗产就属于该方的个人财产。

在上面的案例中，曹女士的丈夫继承了过世父母的房屋，并且公公婆婆生前并没有留下遗嘱指定该房屋由曹女士丈夫一人继承。因此，丈夫继承的房屋应当属于他与曹女士的共同财产，两人对该房屋享有平等的权利。

22. 一方在婚前购买的房屋，婚后出租给他人所取得的租金属于夫妻共同财产吗？

现实困惑

薛女士在结婚前全款购买了一套房屋。结婚后，她便搬到了与丈夫一同购买的婚房中，婚前的那套房屋用于出租赚取租金。请问，该出租房屋所获得的租金是否属于薛女士与丈夫的共同财产？

法律依据

《民法典》

第一千零六十三条　下列财产为夫妻一方的个人财产：

（一）一方的婚前财产；

……

《最高人民法院关于适用〈中华人民共和国民法典〉婚姻家庭编的解释（一）》

第二十六条　夫妻一方个人财产在婚后产生的收益，除孳息和自然增值外，应认定为夫妻共同财产。

依法答疑

夫妻一方在婚前所获得的个人财产在婚后产生的收益，不一定是该方的个人财产，而可能成为夫妻共同财产，离婚时另一方有权进行分割。如果是个人财产在婚后产生的孳息和自然增值，如婚前的存款存在银行所产生的利息、婚前房屋的租金等，这样的收益属于个人财产。而如果是利用个人财产进行经营，如将存款用于投资等，这样的收益就属于夫妻共同财产。

在上面的案例中，薛女士婚前的房屋属于她的个人财产，在婚后将该房屋出租所取得的租金，属于法定孳息，应当仍然属于薛女士的个人财产。也就是说，如果薛女士与丈夫离婚，丈夫不能分割她婚前购买的房屋及其产生的租金。

23. 丈夫擅自转卖婚后购买的房屋，妻子有权追回吗？

现实困惑

封女士与丈夫结婚后，两人共同购买了两套住房。后来丈夫做生意需要资金周转，在未告知封女士的情况下，擅自将其中一套房屋转卖给他人。请问，封女士是否有权将房屋追回？

法律依据

《最高人民法院关于适用〈中华人民共和国民法典〉婚姻家庭编的解释（一）》

第二十八条 一方未经另一方同意出售夫妻共同所有的房

屋，第三人善意购买、支付合理对价并已办理不动产登记，另一方主张追回该房屋的，人民法院不予支持。

夫妻一方擅自处分共同所有的房屋造成另一方损失，离婚时另一方请求赔偿损失的，人民法院应予支持。

依法答疑

夫妻双方在婚后共同购买的房屋属于夫妻共同财产，两人对房屋均有平等的管理权。如果其中一方在未取得另一方同意的情况下，擅自对房屋进行处分，就侵害了另一方对夫妻共同财产所享有的权利，属于无权处分。但是，如果购买人是善意相对人（可以简单地理解为：对房屋为夫妻共同财产不知情等），而且支付了合理的购房款并办理了房屋登记手续，就应当认定其已经取得房屋的所有权，另一方无权再追回该房屋。

在上面的案例中，要判断封女士是否能够追回该房屋，需要看购买房屋的一方是否符合法律所规定的条件。如果符合条件，封女士就不能追回房屋，反之，可以追回。

24. 妻子母亲患上重病丈夫却不愿意花钱救治，可以如何处理?

现实困惑

关女士的母亲因身体不舒服前往医院检查，被医生告知患上了难以治愈的重病，需要花费大量的治疗费用。关女士的丈夫得知此事后，明里暗里地表示不愿意出这笔钱。关女士既生气又寒心，但为了让孩子有个完整的家庭，不打算与丈夫离婚。请问，在这种情况下，关女士可以怎么办？

法律依据

《民法典》

第一千零六十六条 婚姻关系存续期间，有下列情形之一的，夫妻一方可以向人民法院请求分割共同财产：

（一）一方有隐藏、转移、变卖、毁损、挥霍夫妻共同财产或者伪造夫妻共同债务等严重损害夫妻共同财产利益的行为；

（二）一方负有法定扶养义务的人患重大疾病需要医治，另一方不同意支付相关医疗费用。

《最高人民法院关于适用〈中华人民共和国民法典〉婚姻家庭编的解释（一）》

第三十八条 婚姻关系存续期间，除民法典第一千零六十六条规定情形以外，夫妻一方请求分割共同财产的，人民法院不予支持。

依法答疑

对于大部分夫妻来说，只有在离婚时才可能面对分割共同财产的问题。但如果发生了法律规定的特殊情况，即使夫妻尚未离婚，仍可以对夫妻共同财产进行分割。需要注意的是，除法律规定外，其他情况下夫妻一方要求分割共同财产，将很难得到法院的支持。

在上面的案例中，关女士的母亲得了重病，需要高额的治疗费用，而丈夫又不愿意出这笔钱。这种情况符合法律关于婚姻关系存续期间分割夫妻共同财产的相关规定。关女士可以申请在不离婚的情况下分割夫妻共同财产，用自己的那部分财产为母亲治病。

25. 丈夫生前欠下贷款，妻子需要偿还吗?

现实困惑

方女士与丈夫因投资失败背上了债务。为了偿还债务，丈夫向银行申请了20万元贷款。还没等贷款还清，丈夫就因车祸不幸离世。丈夫离世后，银行要求方女士偿还其丈夫生前的贷款。请问，方女士对该笔贷款有偿还的义务吗?

法律依据

《民法典》

第一千零六十四条 夫妻双方共同签名或者夫妻一方事后追认等共同意思表示所负的债务，以及夫妻一方在婚姻关系存续期间以个人名义为家庭日常生活需要所负的债务，属于夫妻共同债务。

夫妻一方在婚姻关系存续期间以个人名义超出家庭日常生活需要所负的债务，不属于夫妻共同债务；但是，债权人能够证明该债务用于夫妻共同生活、共同生产经营或者基于夫妻双方共同意思表示的除外。

《最高人民法院关于适用〈中华人民共和国民法典〉婚姻家庭编的解释（一）》

第三十六条　夫或者妻一方死亡的，生存一方应当对婚姻关系存续期间的夫妻共同债务承担清偿责任。

依法答疑

在确认一笔债务是否属于夫妻共同债务时，最重要的条件是看该笔债务究竟是否用于夫妻共同生活、共同生产经营或者基于夫妻共同意思表示。如果一笔债务是以夫妻一方的个人名义签订的，只要其符合以上条件，就可以将该笔债务认定为夫妻共同债务，夫妻双方均对此承担偿还义务。

从上面的案例中可以看出，该笔贷款虽然是以方女士丈夫的名义向银行所借，但实际上是用于偿还两人投资所产生的债务，该投资属于方女士与丈夫之间的共同经营活动，因此应当属于夫妻共同债务。即使丈夫去世，方女士仍然对该笔债务负有清偿的责任。

26. 妻子需要一起偿还丈夫所欠的赌债吗？

现实困惑

单女士的丈夫有好赌的毛病，在外面欠下了几十万元的赌债，并亲手写了欠条。丈夫见赌债难以还清，便抛下单女士溜之大吉。债主拿着欠条找上门，要求单女士对赌债进行偿还。请问，单女士是否有义务偿还？

法律依据

《最高人民法院关于适用〈中华人民共和国民法典〉婚姻家庭编的解释（一）》

第三十四条　……

夫妻一方在从事赌博、吸毒等违法犯罪活动中所负债务，第三人主张该债务为夫妻共同债务的，人民法院不予支持。

依法答疑

在确认夫妻共同债务问题时，还需要注意该债务是否为合法债务。对于夫妻一方所负的违法债务，即使另一方知情，也不宜将该债务认定为夫妻共同债务。这是因为该债务本身就是基于违法事实成立的，如果让另一方承担该债务，无疑违背了社会的良好风俗和道德要求。况且，对于债主来说，其违法所得也不值得法律支持。

在上面的案例中，单女士的丈夫在外欠了高额赌债，根据法律的规定，单女士无须对该债务承担清偿责任。

27. 丈夫在分居期间借的钱是否属于夫妻共同债务？

现实困惑

霍某与丈夫感情不和，准备离婚。由于无法共同生活，两人便分开居住，两年期间从未联系。后来，债主找上门来，声称霍某的丈夫在两人分居期间有借款且一直未偿还，要求霍某代为还债。请问，分居期间丈夫借的钱是否属于夫妻共同债务？

法律依据

《民法典》

第一千零六十四条　夫妻双方共同签名或者夫妻一方事后追认等共同意思表示所负的债务，以及夫妻一方在婚姻关系存续期间以个人名义为家庭日常生活需要所负的债务，属于夫妻共同债务。

夫妻一方在婚姻关系存续期间以个人名义超出家庭日常生活需要所负的债务，不属于夫妻共同债务；但是，债权人能够证明该债务用于夫妻共同生活、共同生产经营或者基于夫妻双方共同意思表示的除外。

依法答疑

夫妻共同债务即夫妻共同所负的债务，夫妻双方都负有偿还债务的义务。但是，并不是所有在婚姻存续期间所负债务都属于夫妻共同债务。夫妻共同债务需要夫妻双方共同的意思表示，或者虽然没有共同的意思表示，但该债务主要用于夫妻的家庭日常生活，抑或是债权人能够证明是夫妻共同债务。

在上面的案例中，霍某丈夫所负的债务产生于分居期间，霍某对此并不知情。并且，由于夫妻两年内没有联系，该笔债务也并非用于日常家庭生活。因此，该债务不属于夫妻共同债务，霍某没有义务替丈夫承担清偿责任。

28. 与丈夫分居期间发现其转移财产，如何维权？

现实困惑

吴某结婚后，与丈夫之间的感情越来越淡，最终分居。在分居期间，吴某考虑与丈夫离婚，却发现丈夫以偿还他人借款为名悄悄转移夫妻共同财产。请问，吴某可以怎么办？

法律依据

《民法典》

第一千零九十二条 夫妻一方隐藏、转移、变卖、毁损、挥霍夫妻共同财产，或者伪造夫妻共同债务企图侵占另一方财产的，在离婚分割夫妻共同财产时，对该方可以少分或者不分。离婚后，另一方发现有上述行为的，可以向人民法院提起诉讼，请求再次分割夫妻共同财产。

依法答疑

结婚后，夫妻双方所获得的财产，大部分为夫妻共同财产，双方享有同等的处分权。离婚时，双方均有权对夫妻共同财产进行分割。如果一方私自转移夫妻共同财产，导致另一方权益受损的，将承担相应的法律后果。

在上面的案例中，吴某发现丈夫转移夫妻共同财产，可以在提起离婚诉讼时向法院提交相应的证据，在财产分割方面提出相应的主张以维护自己的权利。由于丈夫实施了转移夫妻共同财产的行为，法院在进行判决时将考虑这一点，判决他少分或者不分财产。

四、常见离婚法律问题

29. 领证后还没共同生活就“闪离”，女方要返还彩礼吗?

现实困惑

小殷与相亲认识的燕某领取了结婚证，打算在三个月后办婚礼，婚礼前一直没有共同生活。在筹办婚礼的过程中，小殷发现自己与燕某之间在三观和生活方式上有诸多不合。于是，两人未办婚礼便离了婚。请问，在这种情况下，如果燕某要求小殷返还彩礼，小殷是否需要返还呢?

法律依据

《最高人民法院关于适用〈中华人民共和国民法典〉婚姻家庭编的解释(一)》

第五条　当事人请求返还按照习俗给付的彩礼的，如果查明属于以下情形，人民法院应当予以支持:

(一)双方未办理结婚登记手续;

(二)双方办理结婚登记手续但确未共同生活;

（三）婚前给付并导致给付人生活困难。

适用前款第二项、第三项的规定，应当以双方离婚为条件。

依法答疑

司法解释的规定即明确了当事人应当返还彩礼的相关情形。需要注意的是，除双方未办理结婚登记手续的情况外，其他情况下当事人要求返还彩礼，必须以离婚为必要条件。如果当事人并未离婚，而是在婚内要求返还彩礼，则一般无法得到法院的支持。

在上面的案例中，小殷与燕某领取结婚证后，并没有在一起共同生活。这符合应当返还彩礼的情形，燕某有权要求小殷返还彩礼。当然，两人之间也应当秉持着友好协商的态度，合理地确认彩礼的返还方式，以避免发生不必要的矛盾。

30. 妻子意外流产，丈夫能提出离婚吗？

现实困惑

金女士与丈夫结婚多年，一直没有孩子，丈夫为此心怀不满。前不久，金女士发现自己终于怀孕了，一家人都为此感到高兴。然而意外还是发生了，金女士在上班路上不小心摔了一跤，最终导致流产，丈夫提出要与她离婚。请问，丈夫能在此时提出离婚吗？

法律依据

《民法典》

第一千零八十二条 女方在怀孕期间、分娩后一年内或者终止妊娠后六个月内，男方不得提出离婚；但是，女方提出离婚或者人民法院认为确有必要受理男方离婚请求的除外。

依法答疑

在法律规定中提到的怀孕、分娩后一年、终止妊娠后六个月三种特殊时期内，女性的生理和心理都处于比较脆弱的状态，需要他人的关怀和呵护。作为丈夫，更应当承担照顾妻子的责任，为妻子分担身心的痛苦。因此，在上述期间内，除非女方主动提出或有其他特殊情形，否则男方是不能主动提出离婚的。

在上面的案例中，丈夫因金女士意外流产就要与她离婚，这样的行为是不理智且不负责任的。如果金女士不想离婚，丈夫就不能单方面提出离婚，即使提出，法院也不会受理。

31. 妻子正在坐月子，丈夫能提出离婚吗？

现实困惑

谭女士在生完孩子坐月子期间，丈夫郭某无意中发现谭女士曾经出过轨。于是，郭某偷偷去做了亲子鉴定，发现孩子并不是自己的。请问，郭某能在谭女士坐月子期间提出离婚吗？

法律依据

《民法典》

第一千零八十二条 女方在怀孕期间、分娩后一年内或者终止妊娠后六个月内，男方不得提出离婚；但是，女方提出离婚或者人民法院认为确有必要受理男方离婚请求的除外。

依法答疑

法律对男方在特殊时期不得提出离婚的限制主要是为了保障女性的权利，但这并不意味着男方的权益可以被忽视。如果在女方存在过错的情况下，男方向法院提起离婚诉讼，其诉讼请求存在被法院受理的可能。

在上面的案例中，谭女士在婚内出轨，所生的孩子与丈夫不具有血缘关系，她违反了对婚姻的忠诚要求，存在过错。如果丈夫想要离婚，应当在向法院提起离婚诉讼时提交亲子鉴定报告等证据，帮助法院判断是否有受理其离婚请求的必要。

32. 婚后患病丧失民事行为能力，遭丈夫虐待，该如何离婚？

现实困惑

崔女士在结婚后，不幸患上了精神方面的疾病，神志不清，丧失了民事行为能力。自从患病后，丈夫就经常拿崔女士出气，一有不顺心的事就虐待、殴打她。崔女士的父母是看在眼里急在心里。请问，在这种情况下，崔女士应当如何与丈夫离婚？

法律依据

《民法典》

第三十六条　监护人有下列情形之一的，人民法院根据有关个人或者组织的申请，撤销其监护人资格，安排必要的临时监护措施，并按照最有利于被监护人的原则依法指定监护人：

（一）实施严重损害被监护人身心健康的行为；

（二）怠于履行监护职责，或者无法履行监护职责且拒绝将监护职责部分或者全部委托给他人，导致被监护人处于危困状态；

（三）实施严重侵害被监护人合法权益的其他行为。

……

《最高人民法院关于适用〈中华人民共和国民法典〉婚姻家庭编的解释（一）》

第六十二条 无民事行为能力人的配偶有民法典第三十六条第一款规定行为，其他有监护资格的人可以要求撤销其监护资格，并依法指定新的监护人；变更后的监护人代理无民事行为能力一方提起离婚诉讼的，人民法院应予受理。

依法答疑

由于无民事行为能力人不具备辨认和控制自己行为的能力，因此也无法决定是否离婚。如果无民事行为能力人的权利遭受了来自配偶的侵害，为了保障其权利，可以先撤销配偶的监护人资格，更换新的监护人，再由新的监护人代理无民事行为能力人向法院提起离婚诉讼。

在上面的案例中，崔女士在婚后患上了精神疾病，丧失了民事行为能力。此时，她的丈夫作为配偶，自然成为她的监护人。但是，崔女士的丈夫经常殴打虐待她，严重损害了崔女士的身心健康。此时，崔女士的父母可以向法院提出申请，要求撤销崔女士丈夫的监护人资格，并将监护人变更为自己。当监护人成功变更后，崔女士的父母便可以作为法定代理人，代理崔女士向法院提起离婚诉讼。

33. 丈夫在婚内与他人同居生子，离婚时妻子能要求赔偿吗？

现实困惑

朱女士与丈夫因工作原因，长期两地分居。某次，朱女士正好到丈夫所在的城市出差，无意中发现丈夫竟然在外与他人同居生子了。请问，如果朱女士要提出离婚，能要求丈夫进行损害赔偿吗？

法律依据

《民法典》

第一千零九十一条　有下列情形之一，导致离婚的，无过错方有权请求损害赔偿：

（一）重婚；

（二）与他人同居；

（三）实施家庭暴力；

（四）虐待、遗弃家庭成员；

（五）有其他重大过错。

《最高人民法院关于适用〈中华人民共和国民法典〉婚姻家庭编的解释（一）》

第八十六条　民法典第一千零九十一条规定的“损害赔偿”，

包括物质损害赔偿和精神损害赔偿。涉及精神损害赔偿的，适用《最高人民法院关于确定民事侵权精神损害赔偿责任若干问题的解释》的有关规定。

依法答疑

离婚损害赔偿，是指无过错的一方在离婚时或者离婚后有权向另一方提出的损害赔偿。当过错方存在法律规定的相关情形时，无过错方可以提交相应的证据，并提出离婚损害赔偿请求。

在上面的案例中，朱女士的丈夫与他人同居，存在过错。如果离婚，她有权要求丈夫给予损害赔偿。如果是诉讼离婚，朱女士可以在进行离婚诉讼时要求损害赔偿；如果是协议离婚，朱女士可以要求将损害赔偿事宜写入离婚协议并执行。

34. 已协议离婚，妻子还有权要求丈夫进行损害赔偿吗?

现实困惑

严女士发现丈夫在婚内与他人同居，愤而提出了离婚，两人到婚姻登记机关办理了离婚手续。几个月后，她无意中从别人那里得知，如果因丈夫出轨而离婚，自己有权要求损害赔偿。请问，严女士还能向丈夫提出离婚损害赔偿吗?

法律依据

《民法典》

第一千零九十一条　有下列情形之一，导致离婚的，无过错方有权请求损害赔偿：

（一）重婚；

（二）与他人同居；

（三）实施家庭暴力；

（四）虐待、遗弃家庭成员；

（五）有其他重大过错。

《最高人民法院关于适用〈中华人民共和国民法典〉婚姻家庭编的解释（一）》

第八十九条　当事人在婚姻登记机关办理离婚登记手续后，以民法典第一千零九十一条规定为由向人民法院提出损害赔偿请求的，人民法院应当受理。但当事人在协议离婚时已经明确表示放弃该项请求的，人民法院不予支持。

依法答疑

从这两条规定中可以看出，只要过错方存在法律规定的过错，无论离婚的方式是诉讼离婚还是协议离婚，无过错方都有请求离婚损害赔偿的权利。在协议离婚的情况下，由于离婚时并未经过法院判决，很多当事人可能并未意识到申请离婚损害赔偿的重要性。因此，只要当事人在协议离婚时没有明确放弃离婚损害赔偿请求权，都有权在离婚后再向过错方要求赔偿。

在上面的案例中，严女士在协议离婚后才知道离婚损害赔偿请求权的存在。她与前夫离婚的原因是前夫与他人同居，符合法律规定的要求损害赔偿的条件。并且，严女士在与前夫协议离婚时，并没有明确表示放弃离婚损害赔偿请求权。因此，严女士有权向法院提起诉讼，要求前夫对她进行赔偿。

35. 全职太太有权在离婚时要求补偿吗？

现实困惑

谢女士自从结婚以后就辞去了自己的工作，专心做起了全职主妇。她十余年如一日，接送儿子、收拾家务、支持丈夫工作、承担一日三餐。但因夫妻二人的感情渐行渐远，不得不走向离婚。谢女士自己既没有工作也没有积蓄。请问，谢女士能在离婚时要求对方给予一定补偿吗？

法律依据

《民法典》

第一千零八十八条 夫妻一方因抚育子女、照料老年人、协助另一方工作等负担较多义务的，离婚时有权向另一方请求补偿，另一方应当给予补偿。具体办法由双方协议；协议不成的，由人民法院判决。

依法答疑

在家庭生活中，为了能够更好地使小家庭经营下去，夫妻之间必然会有不同的分工。对于家庭主妇来说，即使她并没有收入，但为养育子女、照顾老年人等做出的贡献同样应当得到肯定和尊重。家庭主妇在离婚时有权向另一方请求一定的补偿。

在上面的案例中，谢女士在离婚时，可以与丈夫进行协商，要求一定的补偿。如果无法达成合意，也可以向法院提起诉讼，请法院进行判决。

36. 妻子没为家里挣过钱，离婚时能分割家里的财产吗?

现实困惑

窦女士自从和丈夫结婚后，就辞去了原来的工作，成了一名家庭主妇。直到两人情感变淡并决定离婚，她也没有为家里挣过钱。请问，窦女士在离婚时能分割家里的财产吗？

法律依据

《民法典》

第一千零六十二条　夫妻在婚姻关系存续期间所得的下列财

产，为夫妻的共同财产，归夫妻共同所有：

（一）工资、奖金、劳务报酬；

（二）生产、经营、投资的收益；

（三）知识产权的收益；

（四）继承或者受赠的财产，但是本法第一千零六十三条第三项规定的除外；

（五）其他应当归共同所有的财产。

夫妻对共同财产，有平等的处理权。

《妇女权益保障法》

第五十四条 在夫妻共同财产、家庭共有财产关系中，不得侵害妇女依法享有的权益。

依法答疑

所谓夫妻共同财产，顾名思义就是夫妻共同拥有的财产。当夫妻结婚后，除有其他财产协议外，婚后所获得的大部分财产都属于夫妻共同财产。无论其中一方是否有工作，是否有收入，都与另一方对夫妻共同财产有着平等的支配权，离婚时也有权对夫妻共同财产进行分割。

在上面的案例中，虽然窦女士没有为家里挣过钱，但同样在婚姻关系中用实际行动为家庭做出过贡献，如照顾家庭、抚养孩子、赡养老人等。离婚时，窦女士有权要求分割夫妻共同财产，并与丈夫达成协议。如果遭到拒绝，窦女士可以通过诉讼等方式维护自己的权利。

37. 赔偿金在离婚时能作为夫妻共同财产分割吗？

现实困惑

吴女士在村内开了一个小型超市，某次，她与酒后来超市强拿东西的三个人发生争执，被打伤，事后获得了5万元的赔偿金。这时夫妻俩也正闹矛盾，准备离婚。丈夫说这个钱也有他的份额。请问，吴女士所获得的赔偿金是否属于夫妻共同财产？需要进行分割吗？

法律依据

《民法典》

第一千零六十三条　下列财产为夫妻一方的个人财产：

（一）一方的婚前财产；

（二）一方因受到人身损害获得的赔偿或者补偿；

（三）遗嘱或者赠与合同中确定只归一方的财产；

（四）一方专用的生活用品；

（五）其他应当归一方的财产。

依法答疑

从法律规定可以看出，在夫妻双方婚后所获得的财产中，那些具有人身专属性的财产，往往属于夫妻一方的个人财产。对于人身损害赔偿或者补偿金来说，其是对受到损害的一方的补偿，而不是对夫妻双方的补偿，因此应当属于受损害一方的个人财产。

在上面的案例中，吴女士获得的5万元赔偿金是她的人身损害赔偿，应当属于她个人，在离婚时不能作为夫妻共同财产进行分割。

38. 离婚后才发现前夫曾转移婚内财产，还能要回来吗？

现实困惑

蔡女士离婚三年后，无意中从三年前的银行流水中发现，前夫似乎曾悄悄转移过婚内财产。得知这件事后，蔡女士进行多方查证，证明了前夫转移婚内财产的行为属实。请问，蔡女士已经离婚三年，是否还能向法院要求再次分割与前夫之间的夫妻共同财产呢？

法律依据

《民法典》

第一千零九十二条 夫妻一方隐藏、转移、变卖、毁损、挥霍夫妻共同财产，或者伪造夫妻共同债务企图侵占另一方财产的，在离婚分割夫妻共同财产时，对该方可以少分或者不分。离婚后，另一方发现有上述行为的，可以向人民法院提起诉讼，请求再次分割夫妻共同财产。

《最高人民法院关于适用〈中华人民共和国民法典〉婚姻家庭编的解释（一）》

第八十四条　当事人依据民法典第一千零九十二条的规定向人民法院提起诉讼，请求再次分割夫妻共同财产的诉讼时效期间为三年，从当事人发现之日起计算。

依法答疑

夫妻双方均对夫妻共同财产享有平等的权利，应当共同支配。如果一方为了自身利益，瞒着另一方做出转移财产等行为，就侵犯了另一方对于夫妻共同财产应当享有的权利。在这种情况下，即使已经离婚，另一方依然有权要求重新分割夫妻共同财产。需要注意的是，另一方提出相关请求时，应当注意诉讼时效的相关规定，在诉讼时效内提出申请。

在上面的案例中，蔡女士虽然在离婚三年后才发现前夫转移财产的事实，但诉讼时效应当从她实际上发现此事的时间起算，因此蔡女士仍然可以向法院起诉，提交前夫转移财产的证据，要求重新分割相关夫妻共同财产。

39. 丈夫收入比妻子高，法院就一定会将孩子判给他直接抚养吗？

现实困惑

邓女士与丈夫育有一个3岁的女儿。由于丈夫出轨，她向法院提起了离婚诉讼。但考虑到丈夫的工资收入比较高，她很担心女儿会被判给丈夫直接抚养。请问，孩子能被判决给邓女士直接抚养吗？

法律依据

《民法典》

第一千零八十四条 ……

离婚后，不满两周岁的子女，以由母亲直接抚养为原则。已满两周岁的子女，父母双方对抚养问题协议不成的，由人民法院根据双方的具体情况，按照最有利于未成年子女的原则判决。子女已满八周岁的，应当尊重其真实意愿。

依法答疑

一般来说，在决定子女归哪一方直接抚养的问题时，应当按照最有利于子女的原则进行判断。经济能力只是判断是否能为子女提供好的抚养条件的因素之一，而不是根本因素。对于

2周岁以下的子女，由母亲来进行直接抚养更有利于其身心健康。而对于2周岁以上8周岁以下的子女，则需要综合多方面的条件进行考虑，才能决定应当由谁直接抚养。

在上面的案例中，邓女士的女儿只有3岁，相对来说还处在比较依赖母亲的阶段。作为母亲的邓女士要想获得直接抚养权，除要证明自己能够为女儿提供经济条件外，还可以证明自己对女儿所尽到的抚养责任更多，相比工作较忙的丈夫来说，自己有足够的时间来陪伴女儿，以帮助法院作出最利于女儿成长的判决结果。并且，邓女士还可以从丈夫出轨、违背夫妻忠诚义务、违背公序良俗的角度，来指出丈夫不能给女儿的成长树立好的榜样，不利于子女良好道德的形成，从而证明自己直接抚养更有利于孩子。

40. 离婚时约定一次性给付孩子抚养费，日后还能要求增加吗？

现实困惑

董女士与前夫离婚时，约定两人的孩子由她直接抚养，前夫一次性支付孩子成年前所有的抚养费。多年后，物价飞涨，而孩子也升上了高中，需要上课外辅导班提升成绩，原本的抚养费明显不够支持这些花销。请问，董女士能要求前夫增加抚养费吗？

法律依据

《最高人民法院关于适用〈中华人民共和国民法典〉婚姻家庭编的解释（一）》

第五十八条 具有下列情形之一，子女要求有负担能力的父或者母增加抚养费的，人民法院应予支持：

（一）原定抚养费数额不足以维持当地实际生活水平；

（二）因子女患病、上学，实际需要已超过原定数额；

（三）有其他正当理由应当增加。

依法答疑

离婚时，夫妻可以就子女的抚养问题拟定协议，并在协议中约定子女由谁直接抚养、抚养费的数额、抚养费的给付方式、抚养费的给付期限等。协议应当在双方自愿的前提下拟定，如果情况有变，双方协商后可以更改协议内容。这就表明，抚养费的数额基于双方的约定，如果双方同意，可以增加或减少。如果双方无法达成一致意见，那么在有法律规定的正当理由的情况下，子女可以向法院提起诉讼，要求有负担能力的父亲或母亲增加抚养费。

在上面的案例中，董女士可以和前夫进行协商，决定是否要增加抚养费。如果两人无法达成一致意见，董女士可以作为法定代理人以孩子的名义向法院提起诉讼，并阐明要求增加抚养费的具体理由，由法院来判决是否需要增加抚养费。

41. 发现前夫再婚后虐待与自己所生的孩子，能要求变更孩子的抚养关系吗？

现实困惑

霍女士离婚时约定孩子由前夫直接抚养。两年前，前夫带着孩子再婚后，对孩子逐渐失去耐心，经常殴打、辱骂孩子。学校老师跟霍女士反映，孩子的性格变得十分敏感内向。请问，霍女士能向法院提出变更孩子的抚养关系吗？

法律依据

《最高人民法院关于适用〈中华人民共和国民法典〉婚姻家庭编的解释（一）》

第五十六条　具有下列情形之一，父母一方要求变更子女抚养关系的，人民法院应予支持：

（一）与子女共同生活的一方因患严重疾病或者因伤残无力继续抚养子女；

（二）与子女共同生活的一方不尽抚养义务或有虐待子女行为，或者其与子女共同生活对子女身心健康确有不利影响；

（三）已满八周岁的子女，愿随另一方生活，该方又有抚养能力；

（四）有其他正当理由需要变更。

依法答疑

父母双方离婚后，可以在平等协商的基础上，自愿变更未成年子女的抚养关系。如果无法协商一致的，可以向法院提起诉讼。需要注意的是，采取诉讼方式变更子女抚养关系的，需要具备法律规定的正当理由。无正当理由要求变更子女抚养关系的，很难得到法院的支持。

在上面的案例中，霍女士的前夫经常殴打、辱骂孩子，给孩子的性格造成了不良影响。在这种情况下，霍女士可以向前夫提出要求，由她直接抚养孩子。前夫如果不同意，她可以收集其殴打孩子的相关证据，向法院提起诉讼，请求法院作出变更抚养关系的判决。

42. 可以以“人品有问题”为由，不让前夫探望孩子吗？

现实困惑

谭女士与丈夫离婚时，女儿被法院判给了谭女士直接抚养。由于离婚时和前夫闹得很僵，谭女士一直认为前夫人品有问题，会对孩子成长有不利影响，便一直拒绝让前夫来探望女儿。请问，谭女士的这个理由成立吗？

法律依据

《民法典》

第一千零八十六条 离婚后，不直接抚养子女的父或者母，有探望子女的权利，另一方有协助的义务。

行使探望权利的方式、时间由当事人协议；协议不成的，由人民法院判决。

父或者母探望子女，不利于子女身心健康的，由人民法院依法中止探望；中止的事由消失后，应当恢复探望。

《最高人民法院关于适用〈中华人民共和国民法典〉婚姻家庭编的解释（一）》

第六十八条 对于拒不协助另一方行使探望权的有关个人或者组织，可以由人民法院依法采取拘留、罚款等强制措施，但是不能对子女的人身、探望行为进行强制执行。

依法答疑

男女双方离婚以后，无论是否直接抚养子女，都有对子女进行教育、照顾的权利。夫妻虽然无法继续成为家人，但这并不代表父母与孩子之间的亲情会就此断绝。因此，为了保障父母的权利，也为了保护孩子的身心健康，直接抚养孩子的一方有义务协助另一方定期探望孩子，不能加以阻挠和妨碍。

但是，如果父或母对子女的探望行为会损害子女身心健康，如父或母存在吸毒、赌博或经常殴打虐待子女的行为，此时探望可以依法中止。需要注意的是，直接抚养子女的一方不能直接中止另一方的探望，而是应当向法院提出申请，由法院作出裁定。并且，如果中止事由消失，仍然应当恢复探望。

在上面的案例中，就算谭女士对前夫不满意，也不能阻挠他探望女儿。一方面，协助前夫探望女儿是她应当履行的义务；另一方面，离婚后，女儿同样需要爸爸的陪伴。如果谭女士认为前夫人品确实存在问题，继续探望女儿会对女儿造成不利影响，她可以收集相关证据向法院提出申请，要求中止探望。在法院作出裁定前，谭女士仍然需要配合前夫探望女儿，否则将可能被法院依法采取拘留、罚款等强制措施。

43. 男方不履行离婚协议约定的事项，女方该如何维权?

现实困惑

姜女士与刘某婚后共同购买了两套房屋，均登记在刘某名下。几年后，两人因感情不和离婚。在离婚协议中，两人约定其中一套房屋由刘某过户给姜女士。但刘某始终未按照约定时间配合姜女士办理房屋过户手续。请问，离婚后对方不遵守离婚协议，该如何进行维权?

法律依据

《民法典》

第一千零七十六条　夫妻双方自愿离婚的，应当签订书面离婚协议，并亲自到婚姻登记机关申请离婚登记。

离婚协议应当载明双方自愿离婚的意思表示和对子女抚养、财产以及债务处理等事项协商一致的意见。

《最高人民法院关于适用〈中华人民共和国民法典〉婚姻家庭编的解释（一）》

第六十九条　……

当事人依照民法典第一千零七十六条签订的离婚协议中关于财产以及债务处理的条款，对男女双方具有法律约束力。登记离婚后当事人因履行上述协议发生纠纷提起诉讼的，人民法院应当受理。

依法答疑

离婚协议是男女双方在离婚时自愿达成的对婚内财产进行分割以及对未成年子女进行抚养的协议，对男女双方均有约束力。如果一方在离婚后不履行离婚协议约定的内容，另一方有权要求其履行。如果其执意不履行，另一方可以通过诉讼，请求法院根据离婚协议作出判决。

在上面的案例中，刘某没有按照离婚协议的约定，按时配合姜女士办理房屋过户手续，侵害了姜女士的正当权利。对于刘某的这一行为，姜女士可以向法院提起诉讼，请求法院帮助解决纠纷，督促刘某履行离婚协议中的内容。

44. 离婚诉讼是否必须由本人亲自出庭？

现实困惑

钟某与丈夫多年冷战，形同陌路。她认为双方感情已然破裂，遂向法院提起了离婚诉讼。钟某对丈夫心灰意冷，不想再与他打交道，便委托了律师。请问，在这种情况下，钟某本人还需要亲自出庭参与诉讼吗？

法律依据

《民事诉讼法》

第六十五条　离婚案件有诉讼代理人的，本人除不能表达意思的以外，仍应出庭；确因特殊情况无法出庭的，必须向人民法院提交书面意见。

依法答疑

离婚诉讼不仅包括婚内财产的分割、未成年子女的抚养问题，还涉及夫妻之间婚姻关系解除的问题。夫妻之间的感情是否破裂，只有当事人自己知道，其他人无法代替他们表达是否离婚的意愿。因此，离婚诉讼必须由夫妻双方亲自出庭应诉。如果确实有特殊原因无法出庭的，则必须向法院提交书面意见。

在上面的案例中，钟某与丈夫之间的感情冷暖自知，其他人无法体会。即使钟某委托了律师，也必须亲自出庭参与诉讼，这样才更有利于法官作出判决，从而避免她的权利受到损害。如果她有特殊原因，如生病住院等，无法出庭应诉的，需要向法院提交书面意见。

45. 离婚后让孩子改随母亲的姓，还能要求孩子父亲支付抚养费吗？

现实困惑

谢某的丈夫对家庭极度不负责任，自从孩子出生后，谢某一直在经历“丧偶式育儿”，孩子的大事小情都只能由她一人操心。与丈夫离婚后，谢某认为丈夫没有尽到作为父亲的责任，于是将孩子的姓氏改随自己姓“谢”。请问，谢某为孩子更改姓氏后，还能要求孩子父亲支付抚养费吗？

法律依据

《最高人民法院关于适用〈中华人民共和国民法典〉婚姻家庭编的解释（一）》

第五十九条　父母不得因子女变更姓氏而拒付子女抚养费。

父或者母擅自将子女姓氏改为继母或继父姓氏而引起纠纷的，应当责令恢复原姓氏。

依法答疑

无论子女的姓氏是什么，都不会影响其与亲生父母之间的血缘关系，也不会影响父母所负的抚养义务。一般来说，为子女改姓应当经父母双方一致同意。如果父母双方离婚，将子女改姓的，应当征得另一方同意，否则将侵害另一方的权利。但是，即使子女改了姓氏父母依然需要履行抚养义务，给付抚养费。

在上面的案例中，谢某为孩子改随自己姓，依然有权代替孩子要求前夫支付抚养费。如果前夫因此不支付抚养费，谢某可以通过诉讼等方式，要求前夫履行抚养义务。

第二章

人格与人身权益

我们每个人都享有生命权、身体权、健康权、姓名权、肖像权、名誉权、荣誉权、隐私权、婚姻自主权等权利。本章依据《民法典》《妇女权益保障法》《治安管理处罚法》等法律法规，向大家介绍妇女相关的人格与人身权益，以及如何依法维权等法律知识。

46.被他人诋毁“被包养”，何种权益受到了侵犯？

现实困惑

小马因工作能力出众，年纪轻轻便在工作单位身居要职，收入非常可观。她用自己的收入购买了一辆名牌车。邻居对她议论纷纷，认为她是被有钱人包养的“小三”，导致很多人对她嗤之以鼻。请问，小马的何种权益受到了侵犯？

法律依据

《民法典》

第一千零二十四条　民事主体享有名誉权。任何组织或者个人不得以侮辱、诽谤等方式侵害他人的名誉权。

名誉是对民事主体的品德、声望、才能、信用等的社会评价。

依法答疑

名誉权是我们基于法律的规定对名誉所享有的权利。在我们参与社会生活的过程中，名誉的好坏往往在人际交往中起到非常重要的作用。如果名誉受损，很可能会给我们的工作、生活带来负面影响。当名誉权受到侵害时，我们有权通过法律途径追究侵权人的责任。

在上面的案例中，邻居在没有依据的情况下，造谣小马“被包养”，导致她的名誉权受到了损害。小马有权要求邻居停止造谣、赔礼道歉，并针对谣言作出澄清，恢复她的名誉。如果造谣行为给小马造成了物质损失或严重精神损害，她还可以要求赔偿。

47. 被人当众侮辱，该如何维权？

现实困惑

季女士在大街上与人发生了口角，进而产生肢体冲突。由于对方人多势众，在拉扯中季女士身上的衣服被对方当众扯掉。有旁观者将事发时所拍摄的视频发布到网络上，给季女士的名誉造成了很大影响。请问，她该如何维权？

法律依据

《民法典》

第一百零九条 自然人的人身自由、人格尊严受法律保护。

第九百九十条 人格权是民事主体享有的生命权、身体权、健康权、姓名权、名称权、肖像权、名誉权、荣誉权、隐私权等权利。

除前款规定的人格权外，自然人享有基于人身自由、人格尊严产生的其他人格权益。

第一千零二十四条　民事主体享有名誉权。任何组织或者个人不得以侮辱、诽谤等方式侵害他人的名誉权。

名誉是对民事主体的品德、声望、才能、信用等的社会评价。

《治安管理处罚法》

第四十二条　有下列行为之一的，处五日以下拘留或者五百元以下罚款；情节较重的，处五日以上十日以下拘留，可以并处五百元以下罚款：

……

（二）公然侮辱他人或者捏造事实诽谤他人的；

……

《刑法》

第二百四十六条　以暴力或者其他方法公然侮辱他人或者捏造事实诽谤他人，情节严重的，处三年以下有期徒刑、拘役、管制或者剥夺政治权利。

前款罪，告诉的才处理，但是严重危害社会秩序和国家利益的除外。

……

依法答疑

人格尊严是每个人与生俱来的权利，应当受到他人的尊重。当人格尊严受到侵犯时，我们有权运用法律维护自身的权益。

在上面的案例中，季女士被当众扯掉衣服，自尊受到伤害。同时，旁观者将视频发布到网上后，还对季女士的名誉权造成了不良影响。

季女士被他人当众侮辱，他人的行为不仅违反了民事法律的规定，还违反了治安管理的相关规定，甚至还可能构成犯罪。季女士可以在第一时间报警，由公安机关对事情真相进行调查，对实施侵权行为的人作出处罚决定。此外，季女士还可以要求相关网站封禁事发时的视频，避免其名誉权遭受进一步损害。而对于散布视频的人，季女士可以通过诉讼等方式，追究其民事责任，要求其赔礼道歉、进行赔偿等。

48. 租住的房间内被人安装了摄像头，何种权利受到了侵犯？

现实困惑

小李刚刚大学毕业，为了工作方便在单位附近独自租了一间小公寓。某天，她无意中发现自己的房间内被人安装了摄像头。请问，小李的何种权利受到了侵害？

法律依据

《民法典》

第一千零三十二条 自然人享有隐私权。任何组织或者个人不得以刺探、侵扰、泄露、公开等方式侵害他人的隐私权。

隐私是自然人的私人生活安宁和不愿为他人知晓的私密空间、私密活动、私密信息。

第一千零三十三条　除法律另有规定或者权利人明确同意外，任何组织或者个人不得实施下列行为：

（一）以电话、短信、即时通讯工具、电子邮件、传单等方式侵扰他人的私人生活安宁；

（二）进入、拍摄、窥视他人的住宅、宾馆房间等私密空间；

（三）拍摄、窥视、窃听、公开他人的私密活动；

（四）拍摄、窥视他人身体的私密部位；

（五）处理他人的私密信息；

（六）以其他方式侵害他人的隐私权。

《治安管理处罚法》

第四十二条　有下列行为之一的，处五日以下拘留或者五百元以下罚款；情节较重的，处五日以上十日以下拘留，可以并处五百元以下罚款：

……

（六）偷窥、偷拍、窃听、散布他人隐私的。

依法答疑

在现代社会中，酒店房间、出租房等场所被人安装摄像头的新闻时有发生。这样的行为会使居住人的私密生活被泄露，无疑是对隐私权的侵害。

在上面的案例中，小李所租住的公寓被他人安装了摄像头，对于她来说，住宅是一种私密空间，不愿意被他人打扰。当隐私权遭受侵害时，小李有权采取法律手段维护自身的权益。

从法律规定可以看出，侵害隐私权除了需要承担民事责任以外，还需要接受治安管理处罚。小李发现房间内的摄像头以后，可以将情况报告给公安机关，由公安机关调查出安装摄像头的人，并对其进行治安管理处罚。同时，小李还可以向法院提起诉讼，要求其承担赔偿等民事责任。

49. 带着上小学的儿子去女澡堂，是否侵害了其他女性顾客的权利?

现实困惑

张女士的儿子今年6岁，正在上小学。在某次丈夫出差期间，张女士家里的热水器突然坏了。于是，她便带着儿子来到女澡堂洗澡，引发了其他女性顾客的不满。请问，张女士的行为是否侵犯了其他女性顾客的权利?

法律依据

《民法典》

第一千零三十二条 自然人享有隐私权。任何组织或者个人不得以刺探、侵扰、泄露、公开等方式侵害他人的隐私权。

隐私是自然人的私人生活安宁和不愿为他人知晓的私密空间、私密活动、私密信息。

依法答疑

近几年来，因带男孩去女卫生间、女澡堂等引起的纠纷偶有发生。对于孩子的母亲来说，为了方便照顾孩子，这是无奈之举，可以理解。但是，卫生间、澡堂一类的场所属于私密空间，这样的行为很可能无形中侵害其他女性的权利。

在上面的案例中，张女士的儿子已经6岁了，这个年龄阶段的孩子已经初步具备性别意识，对于不同性别之间的差异也有了懵懂的了解。在这种情况下，张女士仍将其带入女澡堂是不合适的，不仅会对孩子的成长造成影响，还会使其他女性感觉被冒犯，容易导致侵犯他人隐私权的不良后果。

50. 在自家门口安装摄像头，是否侵犯邻居的权益？

现实困惑

戚女士独自居住，为了自己的安全考虑，她在门口安装了一个摄像头。但是，她安装的摄像头能够覆盖对门邻居家门口，可以清楚地拍摄到邻居家人的出入情况。请问，这是否侵犯了邻居的权益？

法律依据

《民法典》

第一千零三十二条 自然人享有隐私权。任何组织或者个人不得以刺探、侵扰、泄露、公开等方式侵害他人的隐私权。

隐私是自然人的私人生活安宁和不愿为他人知晓的私密空间、私密活动、私密信息。

依法答疑

近些年来，人们的安全意识逐渐提高，在家门口安装摄像头、可视门铃、可视电话等电子设备的人越来越多。但是，此类具有摄像、拍照、录音等功能的电子设备，还可能存在侵犯他人隐私权的问题。

在上面的案例中，戚女士虽然是在自家门口安装摄像头，但是摄像头的范围却覆盖了邻居家门口，能够拍摄到邻居家的情况。对于邻居来说，其家人的出行时间、出行规律同样属于隐私权的范畴，而戚女士的摄像头能将这些信息记录下来，也就意味着邻居家的隐私遭到侵犯。根据法律的规定，邻居有权要求戚女士调整摄像头的拍摄范围。戚女士在维护其自身安全的基础之上，应避免侵害邻居的权益。

51. 在产房拍摄新生儿出生纪念视频，有哪些法律风险？

现实困惑

柴女士怀孕后，一直在某私立医院进行产检。在产检时某单位的工作人员向她推荐了一项服务，即在产房内安装摄像头，记录新生儿诞生的全过程，并制作成纪念视频发回给新生儿父母。请问，该项服务可能会产生哪些法律风险？

法律依据

《民法典》

第一千零一十八条　自然人享有肖像权，有权依法制作、使用、公开或者许可他人使用自己的肖像。

肖像是通过影像、雕塑、绘画等方式在一定载体上所反映的特定自然人可以被识别的外部形象。

第一千零三十二条　自然人享有隐私权。任何组织或者个人不得以刺探、侵扰、泄露、公开等方式侵害他人的隐私权。

隐私是自然人的私人生活安宁和不愿为他人知晓的私密空间、私密活动、私密信息。

依法答疑

与普通病房不同，产房是产妇生产时所处的空间，产妇为了便于生产，很可能会暴露隐私部位。因此，医院的产房是不能安装摄像头的。

在上面的案例中，某单位所推出的新生儿出生纪念视频服务，需要在产房内安装摄像头以达到全程记录的目的，很可能会导致产妇的隐私泄露。除此以外，当新生儿出生后，即成为法律认可的生命个体，应当享有相应的民事权利。对于新生儿来说，摄像头拍摄视频很可能会侵犯其肖像权与隐私权。因此，如果柴女士接受该项服务，很可能会面临自己和新生儿的肖像权、隐私权被侵害的法律风险。

52. 女职工遭受性骚扰，维权途径有哪些？

现实困惑

小周是某单位业务部门的员工，经常需要对接客户。某客户单位的经理见她年轻漂亮，又知道她的业务有求于自己，对她“很有意思”。经常给她发送一些暧昧消息、色情图片等，让她不胜其扰。请问，面对客户的性骚扰，有哪些维权途径？

法律依据

《民法典》

第一千零一十条　违背他人意愿，以言语、文字、图像、肢体行为等方式对他人实施性骚扰的，受害人有权依法请求行为人承担民事责任。

机关、企业、学校等单位应当采取合理的预防、受理投诉、调查处置等措施，防止和制止利用职权、从属关系等实施性骚扰。

《妇女权益保障法》

第二十三条　禁止违背妇女意愿，以言语、文字、图像、肢体行为等方式对其实施性骚扰。

受害妇女可以向有关单位和国家机关投诉。接到投诉的有关单位和国家机关应当及时处理，并书面告知处理结果。

受害妇女可以向公安机关报案，也可以向人民法院提起民事诉讼，依法请求行为人承担民事责任。

第二十五条　用人单位应当采取下列措施预防和制止对妇女的性骚扰：

（一）制定禁止性骚扰的规章制度；

（二）明确负责机构或者人员；

（三）开展预防和制止性骚扰的教育培训活动；

（四）采取必要的安全保卫措施；

（五）设置投诉电话、信箱等，畅通投诉渠道；

（六）建立和完善调查处置程序，及时处置纠纷并保护当事人隐私和个人信息；

（七）支持、协助受害妇女依法维权，必要时为受害妇女提供心理疏导；

（八）其他合理的预防和制止性骚扰措施。

依法答疑

与性侵害相比，性骚扰的程度轻微，主要表现为用言语、文字、图像、简单的肢体动作等方式进行骚扰。但是，二者都违背了女性的自由意愿，侵害了女性的合法权益。

在上面的案例中，小周被客户所发送的暧昧消息、色情图片等骚扰，客户的行为违背了小周的意愿，给她的工作生活造成了困扰，属于性骚扰行为。小周有权要求客户停止这种行为，将相关情况报告给单位，寻求单位的帮助。根据《妇女权益保障法》的相关规定，单位应受理小周的投诉，制止客户这种利用职权实施的性骚扰行为。如果性骚扰行为比较严重，单位还应当协助小周报警，配合公安机关进行调查。小周还可以向法院提起诉讼，要求该客户承担相应的法律责任。

53. 乘坐出租车发生交通事故受伤，如何获得赔偿？

现实困惑

白女士在乘坐出租车时发生车祸，导致其受伤。经过交警部门的调查，该起事故中出租车司机不承担责任。请问，白女士该如何获得赔偿？

法律依据

《民法典》

第八百二十三条　承运人应当对运输过程中旅客的伤亡承担赔偿责任；但是，伤亡是旅客自身健康原因造成的或者承运人证明伤亡是旅客故意、重大过失造成的除外。

前款规定适用于按照规定免票、持优待票或者经承运人许可搭乘的无票旅客。

依法答疑

从法律规定可以看出，对于乘客伤亡的结果，如果其本身具有故意或重大过失，可以免除承运人的赔偿责任。而如果乘客的过错较为轻微，在实际的司法判决中，也可以减轻承运人的一部分责任，由乘客与承运人共同承担责任。同时，还需要考虑交通事故本身的责任分配问题。在一起交通事故中，应当对伤亡结果进行赔偿的为主要责任方。但是，这并不代表当承运人不承担事故主要责任时，便可以免除赔偿责任。承运人与旅客之间具备客运合同关系，应当保障旅客在运输过程中的安全。一旦发生伤亡情况，即说明承运人违约。此时，即使承运人在交通事故中不承担主要责任，旅客仍然有权向其索赔。当然，在对旅客进行赔偿后，承运人有权向事故的主要责任方进行追偿。

在上面的案例中，白女士受伤是由交通事故造成的，虽然出租车司机在交通事故中不承担责任，但出租车公司仍然需要对白女士先行赔偿，事后再向肇事方追偿。

54.被前男友大肆宣传两人私密照片，该如何维权?

现实困惑

小甘与前男友分手后，前男友一直对她纠缠不休。小甘因对前男友已经没有任何感情，便坚定地不与他复合。可是，前男友心生报复，将两人恋爱时的私密照片大肆宣扬，给小甘的日常生活造成了严重的影响。请问，小甘该如何维权?

法律依据

《民法典》

第一千零三十二条　自然人享有隐私权。任何组织或者个人不得以刺探、侵扰、泄露、公开等方式侵害他人的隐私权。

隐私是自然人的私人生活安宁和不愿为他人知晓的私密空间、私密活动、私密信息。

《妇女权益保障法》

第二十九条　禁止以恋爱、交友为由或者在终止恋爱关系、离婚之后，纠缠、骚扰妇女，泄露、传播妇女隐私和个人信息。

妇女遭受上述侵害或者面临上述侵害现实危险的，可以向人民法院申请人身安全保护令。

依法答疑

情侣在恋爱期间，有时会拍摄一些私密照片。一旦分手，私密照片很可能面临泄露的风险。分手后的双方应当互相尊重对方的权利，避免将私密照片泄露，更不能故意宣传私密照片来报复、纠缠对方。

在上面的案例中，小甘的前男友散布两人的私密照片严重侵害了小甘的隐私权与名誉权。小甘有权采取法律手段，制止前男友的行为。如果前男友依然纠缠不休，持续骚扰小甘，严重打扰她的生活，她还可以根据法律的规定，向法院申请人身安全保护令，以避免受到前男友的伤害。

55. 恶意将女性照片P成裸照，会承担什么法律后果？

现实困惑

小庄是一名大学生，在乘坐地铁时被他人拍下照片，并被恶意制作成了裸照散布到网络上。照片发布以后，很多同学都认出了小庄，对她议论纷纷。而小庄也承受不住打击，每日郁郁寡欢，忧思成疾。请问，小庄的哪些权利受到了侵害？侵权人会承担什么法律后果？

法律依据

《民法典》

第一千零一十九条 任何组织或者个人不得以丑化、污损，或者利用信息技术手段伪造等方式侵害他人的肖像权。未经肖像权人同意，不得制作、使用、公开肖像权人的肖像，但是法律另有规定的除外。

……

第一千零二十四条 民事主体享有名誉权。任何组织或者个人不得以侮辱、诽谤等方式侵害他人的名誉权。

名誉是对民事主体的品德、声望、才能、信用等的社会评价。

依法答疑

肖像权是指权利人允许他人制作、使用、公开其肖像的权利。名誉权是指权利人保护其社会评价不下降的权利。肖像权和名誉权都属于人格权，与权利人息息相关。在很多情况下，当权利人的一种人格权受损，其他人格权也会受到相应的损害。

在上面的案例中，他人偷拍小庄的照片，又恶意制作成裸照，这些行为侵犯了她的肖像权。同时，此人将制作的裸照发布到网上，令不明真相的人误认为那是小庄的裸照，从而降低了对她的社会评价，侵害了她的名誉权。小庄有权要求制作裸照的人承担停止侵害、消除影响、赔礼道歉等民事责任。同时，小庄如果因此遭受严重精神损害，还有权要求精神损害赔偿。

第三章

政治权利和文化教育权利

国家保障妇女享有与男子平等的政治权利、文化教育权利。本章依据《宪法》《妇女权益保障法》《村民委员会组织法》等法律法规，介绍女性朋友在政治、文化、教育等方面依法应享有的权利。

56. 女性所享有的政治权利和男性一样吗?

现实困惑

詹女士与丈夫结婚以后，将户口迁到丈夫所在村，成了该村的村民。某日村里下达通知，镇人大代表将要换届选举，凡年满18周岁的村民都有投票权。但詹女士丈夫却说她只是一个从外面嫁过来的女人，没有选举权。请问，女性所享有的政治权利和男性一样吗?

法律依据

《宪法》

第三十四条　中华人民共和国年满十八周岁的公民，不分民族、种族、性别、职业、家庭出身、宗教信仰、教育程度、财产状况、居住期限，都有选举权和被选举权；但是依照法律被剥夺政治权利的人除外。

第四十八条　中华人民共和国妇女在政治的、经济的、文化的、社会的和家庭的生活等各方面享有同男子平等的权利。

国家保护妇女的权利和利益，实行男女同工同酬，培养和选拔妇女干部。

《村民委员会组织法》

第十三条　年满十八周岁的村民，不分民族、种族、性别、职业、家庭出身、宗教信仰、教育程度、财产状况、居住期限，都有选举权和被选举权；但是，依照法律被剥夺政治权利的人除外。

……

依法答疑

公民的政治权利主要包括选举权与被选举权；言论、出版、集会、结社、游行、示威自由的权利；担任国家机关职务的权利；担任国有公司、企业、事业单位和人民团体领导职务的权利等。政治权利是我国公民享有的基本权利，是公民依法享有的参与国家政治生活的权利。只要未被剥夺政治权利，无论是男性还是女性，都享有平等的政治权利。

在上面的案例中，詹女士虽然是外嫁到本村的，但是依然和丈夫一样享有同样的政治权利，她不仅有选举权，投票选举人大代表，依据《村民委员会组织法》的规定，她还有参加竞选村干部的权利。

57. 村委会成员可以都是男性吗?

现实困惑

小谷是某村的村民，前不久村里进行了村委会成员换届选举。小谷发现，村委会成员清一色都是男性，一名女性都没有。请问，村委会没有女性成员合法吗？小谷有权向村委会提出妇女权益保障方面的意见吗？

法律依据

《村民委员会组织法》

第六条　……

村民委员会成员中，应当有妇女成员，多民族村民居住的村应当有人数较少的民族的成员。

……

《妇女权益保障法》

第十三条　妇女有权通过各种途径和形式，依法参与管理国家事务、管理经济和文化事业、管理社会事务。

妇女和妇女组织有权向各级国家机关提出妇女权益保障方面的意见和建议。

第十四条　妇女享有与男子平等的选举权和被选举权。

全国人民代表大会和地方各级人民代表大会的代表中，应当保证有适当数量的妇女代表。国家采取措施，逐步提高全国人民代表大会和地方各级人民代表大会的妇女代表的比例。

居民委员会、村民委员会成员中，应当保证有适当数量的妇女成员。

依法答疑

从法律规定可以看出，在村委会成员中应当有妇女成员，这是法律的强制性规定，必须遵守。这样规定主要有以下两个方面的考虑：第一，在我国广大的农村中，仍然存在“留守儿童”“留守妇女”“留守老人”等问题，由妇女担任村委会成员可以发挥其细心、耐心、有亲和力等特质，更好地解决基层存在的问题。第二，“重男轻女”这一落后思想在我国部分地区仍然有影响，在法律中作出妇女成员的相关规定，有利于贯彻男女平等的基本原则，切实保护广大妇女参与基层治理的权利。而且妇女有权向各级国家机关提出妇女权益保障方面的意见。

在上面的案例中，村委会成员中没有妇女成员是不合法的，小谷有权对该村选举的村委会成员中没有妇女成员一事提出自己的意见。

58. 某高校录取女生分数比男生高，这合法吗？

现实困惑

楠楠高考结束后，开始为大学报名做准备。她对自己的分数充满自信，但在查阅她想报考学校往年的录取分数线时发现，这所大学的很多专业录取女生的分数线要比男生的高。这使她担心自己达不到分数线，又觉得很不公平。请问，该高校的这种做法合法吗？

法律依据

《高等教育法》

第九条　公民依法享有接受高等教育的权利。

……

《妇女权益保障法》

第三十七条　学校和有关部门应当执行国家有关规定，保障妇女在入学、升学、授予学位、派出留学、就业指导和服务等方面享有与男子平等的权利。

学校在录取学生时，除国家规定的特殊专业外，不得以性别为由拒绝录取女性或者提高对女性的录取标准。

各级人民政府应当采取措施，保障女性平等享有接受中高等教育的权利和机会。

依法答疑

我国公民不论男女都享有平等的受教育权，在高等教育阶段也是如此。只要符合学校专业的录取条件，除国家规定的特殊专业外，高校应当给予女性与男性同样的入学机会，而不能根据性别设立不同的入学门槛。

在上面的案例中，该高校的做法是否合法需要看其对女生提高录取门槛的专业是否为国家规定的特殊专业。如果不是，那么楠楠可以向该校所在地的教育行政部门反映，纠正该校的行为，保障女性平等接受高等教育的权利。

59. 初中女生被父母强迫退学结婚挣彩礼，该如何依法寻求帮助?

现实困惑

小曾今年15周岁，是一名初三的学生。由于适婚年龄的哥哥没钱结婚，父母便强迫她退学，要将她嫁人为哥哥挣取彩礼钱。请问，小曾如何依法寻求帮助？

法律依据

《妇女权益保障法》

第三十六条　父母或者其他监护人应当履行保障适龄女性未成年人接受并完成义务教育的义务。

对无正当理由不送适龄女性未成年人入学的父母或者其他监护人，由当地乡镇人民政府或者县级人民政府教育行政部门给予批评教育，依法责令其限期改正。居民委员会、村民委员会应当协助政府做好相关工作。

政府、学校应当采取有效措施，解决适龄女性未成年人就学存在的实际困难，并创造条件，保证适龄女性未成年人完成义务教育。

依法答疑

对于保障适龄女性未成年人接受义务教育的问题，国家、各级政府、村（居）委会等基层群众自治组织以及学校等主体都负有不同的义务。如果发生女性未成年人接受义务教育的权利被侵害的情况，以上机关或组织都有义务为她们提供帮助。

在上面的案例中，小曾处于义务教育阶段，却被父母强迫退学嫁人。一方面，小曾父母没有履行保障子女接受义务教育的义务，侵害了小曾接受义务教育的权利；另一方面，小曾未到法定婚龄，也没有结婚的意愿，父母强迫她结婚的行为违反了法律的相关规定。小曾可以先将相关情况告诉老师，请老师做父母的思想工作。如果父母不为所动，她还可以寻求当地村（居）委会或妇联组织的帮助。此外，当地乡镇政府、县政府教育行政部门都有权对小曾的父母进行批评教育，依法责令其保障小曾的受教育权。

60. 被他人冒用身份上大学，该如何维权？

现实困惑

小邹高考落榜，她对自己在高考中的发挥失常难过了许多年。如今小邹已成家立业，无意中得知自己当年其实考上了大学，是被人冒名顶替了。请问，小邹该如何维护自己的权利？

法律依据

《宪法》

第四十六条 中华人民共和国公民有受教育的权利和义务。

……

《民法典》

第一千零一十四条 任何组织或者个人不得以干涉、盗用、假冒等方式侵害他人的姓名权或者名称权。

《高等教育法》

第九条 公民依法享有接受高等教育的权利。

……

《刑法》

第二百八十条之二 盗用、冒用他人身份，顶替他人取得的高等学历教育入学资格、公务员录用资格、就业安置待遇的，处三年以下有期徒刑、拘役或者管制，并处罚金。

……

依法答疑

被他人冒用身份去上大学，主要有以下权利遭受侵害：第一，姓名权。公民有权允许他人使用自己的姓名，如果他人未经允许冒用自己姓名的，权利人有权追究该行为人的法律责任。第二，受教育权。从《宪法》的规定可知，受教育权是我国公民的基本权利，不受他人侵害。冒用他人姓名去上大学，这无疑损害了权利人接受教育的权利，违反了法律的规定。同时，冒用他人姓名去上大学，还会侵害教育的公平性，扰乱正常的招生秩序，可能构成冒名顶替罪，需要承担刑事责任。

在上面的案例中，小邹的入学资格被他人冒名顶替，她可以在知道自己权利受到损害后，收集相关证据，向法院提起诉讼，要求冒名顶替者承担相应的法律责任。

61. 怎样保障辍学女童接受义务教育的权利？

现实困惑

小菲的家庭经济困难，父母为了让小菲哥哥能继续上学，在她小学毕业后就让她辍学在家，帮父母务农。请问如何依法帮助小菲重回学校？如何保障家庭经济困难的女童接受义务教育的权利？

法律依据

《义务教育法》

第六条　国务院和县级以上地方人民政府应当合理配置教育资源，促进义务教育均衡发展，改善薄弱学校的办学条件，并采取措施，保障农村地区、民族地区实施义务教育，保障家庭经济困难的和残疾的适龄儿童、少年接受义务教育。

国家组织和鼓励经济发达地区支援经济欠发达地区实施义务

教育。

第十三条 县级人民政府教育行政部门和乡镇人民政府组织和督促适龄儿童、少年入学，帮助解决适龄儿童、少年接受义务教育的困难，采取措施防止适龄儿童、少年辍学。

居民委员会和村民委员会协助政府做好工作，督促适龄儿童、少年入学。

《妇女权益保障法》

第三十五条 国家保障妇女享有与男子平等的文化教育权利。

依法答疑

要保障经济困难地区以及家庭的未成年人接受义务教育，需要国家、各级人民政府、村委会、居委会以及学校等多方面的努力。从国家方面来说，需要制定宏观政策，促进经济困难地区的教育发展，平衡教育资源，降低入学所需要的费用门槛。从各级人民政府方面来说，要实现精准帮扶，掌握本地经济困难家庭的相关情况，可以采取免费午餐、免费练习册等政策减轻未成年人接受义务教育的压力。从居委会、村委会方面来说，应当协助政府的工作，及时将经济困难家庭的情况与政府沟通。从学校方面来说，应当时刻关注本校学生的学习状况，发现学生因经济困难无法继续接受义务教育的，要及时报告给当地政府。

在上面的案例中，小菲所在村的村委会应当及时对她家的情况进行了解，可以对其进行政策方面的精准帮扶，还可以号召其他村民组织募捐活动，并对她的父母进行教育，帮助小菲重回学校。而且，我国女性享有与男性平等的文化教育权利，这是在法律中明文规定的。小菲父母为了让家里男孩上学，剥夺女孩接受义务教育的权利也是违法的。小菲所在村的村委会等基层群众性自治组织，也要切实解决女性接受教育的实际困难，帮助权利受到侵害的女性进行维权。

第四章

劳动就业权益

劳动就业是女性朋友获得经济独立最有效的保障。本章依托《劳动法》《劳动合同法》《女职工劳动保护特别规定》《妇女权益保障法》等法律法规，介绍妇女在劳动就业中常用的维权法律知识。

62. 招聘启事中写明“优先录用男性”，合法吗？

现实困惑

小赵马上就要大学毕业了，面临找工作的问题。她在各大招聘网站浏览招聘信息时，发现很多单位都在招聘启事上写明“本岗位优先录用男性”，有时同一岗位给男性职工的工资也比女性职工更高。请问，用人单位这样的做法合法吗？

法律依据

《妇女权益保障法》

第四十一条　国家保障妇女享有与男子平等的劳动权利和社会保障权利。

第四十三条　用人单位在招录（聘）过程中，除国家另有规定外，不得实施下列行为：

（一）限定为男性或者规定男性优先；

（二）除个人基本信息外，进一步询问或者调查女性求职者的婚育情况；

（三）将妊娠测试作为入职体检项目；

（四）将限制结婚、生育或者婚姻、生育状况作为录（聘）用条件；

（五）其他以性别为由拒绝录（聘）用妇女或者差别化地提

高对妇女录（聘）用标准的行为。

第四十五条　实行男女同工同酬。妇女在享受福利待遇方面享有与男子平等的权利。

《劳动法》

第十三条　妇女享有与男子平等的就业权利。在录用职工时，除国家规定的不适合妇女的工种或者岗位外，不得以性别为由拒绝录用妇女或者提高对妇女的录用标准。

依法答疑

我国男女享有同等的就业权利，这主要体现在以下两个方面：第一，在录用时，用人单位应当对男女职工采取同等的录用条件，除国家有特殊规定的岗位外，不得因性别不同而设定不同的录用门槛，提高对女性职工的录用条件。第二，在用人过程中，用人单位应当对男女职工坚持同工同酬，不得在同样的岗位和工作量的情况下，降低对女性职工的薪资。

在上面的案例中，有单位在招聘信息中对男女采用不同的招聘门槛，规定男性优先，是不符合法律规定的。

63. 用人单位迟迟不签订劳动合同，职工应怎样维权?

现实困惑

小孔进入某单位工作后，该单位承诺两周内与她签订劳动合同。但两个月过去了，该单位一直没有与她签订劳动合同。请问，该单位该承担什么样的法律责任？小孔可以怎样维护自己的权益？

法律依据

《劳动合同法》

第十四条　……

用人单位自用工之日起满一年不与劳动者订立书面劳动合同的，视为用人单位与劳动者已订立无固定期限劳动合同。

第八十二条　*用人单位自用工之日起超过一个月不满一年未与劳动者订立书面劳动合同的，应当向劳动者每月支付二倍的工资。*

……

依法答疑

用人单位有义务在用工之日起一个月内与劳动者签订书面劳动合同，否则将承担相应的法律责任。并且，即使用人单位不与劳动者签订书面的劳动合同，在日后发生纠纷时，劳动者也可以通过证据证明事实用工关系的存在，从而要求用人单位承担责任。

在上面的案例中，小孔入职后该单位一直未与她签订劳动合同，该单位应当自用工超过一个月后，向小孔每月支付二倍工资。如果一年后该单位仍然没有与小孔签订书面劳动合同，那么视为她与该单位签订了无固定期限劳动合同，并享有相关权利。

64. 在单位连续工作超过十年，一定要签订无固定期限劳动合同吗？

现实困惑

丁女士是单位的老员工，已经在单位工作超过十年。不久以后，她与单位签订的劳动合同就要到期了。丁女士认为单位福利待遇好，想要继续在该单位工作。请问，该单位是否应当与丁女士签订无固定期限劳动合同？如果不签订，该单位将承担什么样的法律责任？

法律依据

《劳动合同法》

第十四条 ……

用人单位与劳动者协商一致，可以订立无固定期限劳动合同。有下列情形之一，劳动者提出或者同意续订、订立劳动合同的，除劳动者提出订立固定期限劳动合同外，应当订立无固定期限劳动合同：

（一）劳动者在该用人单位连续工作满十年的；

（二）用人单位初次实行劳动合同制度或者国有企业改制重新订立劳动合同时，劳动者在该用人单位连续工作满十年且距法定退休年龄不足十年的；

（三）连续订立二次固定期限劳动合同，且劳动者没有本法第三十九条和第四十条第一项、第二项规定的情形，续订劳动合同的。

……

第八十二条　用人单位自用工之日起超过一个月不满一年未与劳动者订立书面劳动合同的，应当向劳动者每月支付二倍的工资。

用人单位违反本法规定不与劳动者订立无固定期限劳动合同的，自应当订立无固定期限劳动合同之日起向劳动者每月支付二倍的工资。

依法答疑

签订无固定期限劳动合同更有利于保障劳动者的权益。一方面，无固定期限劳动合同没有解除期限限制，从而提高劳动者工作的稳定性；另一方面，当用人单位经营不善需要进行经济性裁员时，签订无固定期限劳动合同的劳动者可以优先被留用。当劳动者满足以上规定中的条件时，用人单位应当与劳动者签订无固定期限劳动合同，否则将承担相应的法律后果。

《劳动合同法》第八十二条第二款规定了用人单位不依法订立无固定期限劳动合同时应当承担的法律责任。在上面的案例中，丁女士在该单位已经连续工作十年，满足签订无固定期限劳动合同的条件。在丁女士想要续签劳动合同的情况下，该单位应当与丁女士签订无固定期限劳动合同，否则需要自应当订立无固定期限劳动合同之日起向丁女士每个月支付二倍工资。

65. 试用期可以想约定多久就约定多久吗？

现实困惑

小李通过某单位几轮的笔试、面试后，终于得到了录用。在签订劳动合同时，单位对她表明，需约定六个月的试用期，但可以提前转正。小李认为，她与单位签订的劳动合同一共才两年，六个月的试用期太长了。请问，试用期可以想约定多久就约定多久吗？

法律依据

《劳动合同法》

第十九条　劳动合同期限三个月以上不满一年的，试用期不得超过一个月；劳动合同期限一年以上不满三年的，试用期不得超过二个月；三年以上固定期限和无固定期限的劳动合同，试用期不得超过六个月。

同一用人单位与同一劳动者只能约定一次试用期。

以完成一定工作任务为期限的劳动合同或者劳动合同期限不满三个月的，不得约定试用期。

试用期包含在劳动合同期限内。劳动合同仅约定试用期的，试用期不成立，该期限为劳动合同期限。

依法答疑

劳动者与用人单位签订劳动合同时，可以约定试用期。试用期可以降低劳动者和用人单位的试错成本，无论是劳动者还是用人单位，在试用期内解除劳动合同所受到的限制都比较小。同时，为了避免试用期约定过长，劳动者的权益受到损害，法律对试用期的期限进行了限制。根据所签订劳动合同的期限不同，用人单位与劳动者之间可以约定的试用期的最长期限也不同。

在上面的案例中，小李与该单位签订的劳动合同期限为两年，根据法律规定，双方约定的试用期不得超过两个月。即使可以提前转正，该单位约定六个月试用期的行为也是不合法的，小李有权拒绝。

66. 单位扣留员工的证件，需要承担什么法律责任？

现实困惑

小段大学毕业后，来到某单位工作。该单位为了防止年轻人频繁跳槽，要求扣留小段的大学毕业证书，直到她工作满一年。请问，单位扣留员工的证件，将承担什么样的法律责任？

法律依据

《劳动合同法》

第九条 用人单位招用劳动者，不得扣押劳动者的居民身份证和其他证件，不得要求劳动者提供担保或者以其他名义向劳动者收取财物。

第八十四条 用人单位违反本法规定，扣押劳动者居民身份证等证件的，由劳动行政部门责令限期退还劳动者本人，并依照有关法律规定给予处罚。

……

依法答疑

劳动者与用人单位签订劳动合同是基于双方的信任关系，应当建立在双方平等自愿的基础之上。用人单位应当尊重并保护劳动者的人身自由，不得采取强迫或变相强迫手段妨碍劳动者跳槽。用人单位没有扣留劳动者证件的权利，如果其擅自扣留劳动者的证件，将承担相应的法律责任。

在上面的案例中，该单位为防止小段跳槽而扣留她毕业证的行为是违法的，小段有权拒绝并要求单位将毕业证返还。如果单位拒不返还，小段可以向劳动行政部门投诉，由劳动行政部门给予单位相应的处罚。

67. 单位要求与病愈返岗的员工解除劳动合同，是否合法？

现实困惑

杜女士因病住院，并在手术后休息了一个月。由于手术后遗症，杜女士重新回到工作岗位后，感觉从事原来的工作有些吃力，单位便以她无法胜任原岗位为由，要求解除劳动合同。请问，该单位解除劳动合同的行为是否合法？

法律依据

《劳动合同法》

第四十条 有下列情形之一的，用人单位提前三十日以书面形式通知劳动者本人或者额外支付劳动者一个月工资后，可以解除劳动合同：

（一）劳动者患病或者非因工负伤，在规定的医疗期满后不能从事原工作，也不能从事由用人单位另行安排的工作的；

（二）劳动者不能胜任工作，经过培训或者调整工作岗位，仍不能胜任工作的；

（三）劳动合同订立时所依据的客观情况发生重大变化，致使劳动合同无法履行，经用人单位与劳动者协商，未能就变更劳动合同内容达成协议的。

依法答疑

通过法律规定可以看出，在劳动者患病且无法胜任工作的情况下，用人单位应当先为劳动者另行安排其他工作。如果在另行安排其他工作后，劳动者仍然不能胜任的，用人单位才可以解除劳动合同。并且，用人单位在解除劳动合同时，还应当履行提前通知劳动者或者额外支付劳动者一个月工资的义务。

在上面的案例中，杜女士因病休假回到岗位后，无法胜任原岗位的工作，该单位直接要求解除劳动合同是违法的，该单位应当为杜女士另外安排其他工作。如果杜女士仍然不能胜任新的岗位，该单位应当提前三十日以书面形式向其发出通知，或者额外向她支付一个月工资，才能解除劳动合同。

68.因年龄超过工作岗位要求被辞退，如何应对？

现实困惑

两年前，26岁的小黄应聘成为某单位的前台。不久前，人事部突然通知小黄，她的年龄超出了前台一职所要求的28岁的年龄限制，单位决定与她解除劳动合同。请问，该单位以小黄年龄超过工作岗位要求而将她辞退的行为是否合法？

法律依据

《劳动合同法》

第三十九条　劳动者有下列情形之一的，用人单位可以解除劳动合同：

（一）在试用期间被证明不符合录用条件的；

（二）严重违反用人单位的规章制度的；

（三）严重失职，营私舞弊，给用人单位造成重大损害的；

（四）劳动者同时与其他用人单位建立劳动关系，对完成本单位的工作任务造成严重影响，或者经用人单位提出，拒不改正的；

（五）因本法第二十六条第一款第一项规定的情形致使劳动合同无效的；

（六）被依法追究刑事责任的。

第四十条 有下列情形之一的，用人单位提前三十日以书面形式通知劳动者本人或者额外支付劳动者一个月工资后，可以解除劳动合同：

（一）劳动者患病或者非因工负伤，在规定的医疗期满后不能从事原工作，也不能从事由用人单位另行安排的工作的；

（二）劳动者不能胜任工作，经过培训或者调整工作岗位，仍不能胜任工作的；

（三）劳动合同订立时所依据的客观情况发生重大变化，致使劳动合同无法履行，经用人单位与劳动者协商，未能就变更劳动合同内容达成协议的。

第四十八条 用人单位违反本法规定解除或者终止劳动合同，劳动者要求继续履行劳动合同的，用人单位应当继续履行；劳动者不要求继续履行劳动合同或者劳动合同已经不能继续履行的，用人单位应当依照本法第八十七条规定支付赔偿金。

依法答疑

从法律规定可知，劳动者存在过错，用人单位可以不与劳动者协商，直接与其解除劳动合同，且不需要向其支付任何补偿，但是应当符合法律规定的条件。除法律规定的情况外，用人单位不得单方解除劳动合同，否则应当承担相应的法律后果。如果劳动者严重违反用人单位的规章制度，影响用人单位的正常用工秩序与工作进度，用人单位有权解除劳动合同。但是，用人单位应当确保其规章制度不违反法律法规的强制性规定。

此外，用人单位也可以单方解除劳动合同，但需要提前三十日通知劳动者或者额外支付一个月的工资，并且，用人单位还应当向劳动者支付经济补偿。

在上面的案例中，虽然该单位规定前台人员的年龄应当在28岁以下，但并不能因职工年龄超过限制而直接解除劳动合同，因为这并不符合法律规定的单位可以单方解除劳动合同的情形。那么，现实中，对于小黄的情况，该单位可以与她进行协商，为她调换岗位。如果单位执意解除劳动合同，小黄既可以要求继续履行原劳动合同，也可以在答应离职的同时要求该单位支付赔偿金。

69. 女职工在经期被安排从事冷水作业，有权拒绝吗?

现实困惑

某日，小荀的一名同事因事请假，她被安排暂时顶上该同事的工作，进行冷水作业。但是，小荀此时正值经期，身体不适。请问，小荀有权拒绝单位的安排吗?

法律依据

《劳动法》

第六十条　不得安排女职工在经期从事高处、低温、冷水作业和国家规定的第三级体力劳动强度的劳动。

《女职工劳动保护特别规定》

附录

二、女职工在经期禁忌从事的劳动范围：

（一）冷水作业分级标准中规定的第二级、第三级、第四级冷水作业；

（二）低温作业分级标准中规定的第二级、第三级、第四级低温作业；

（三）体力劳动强度分级标准中规定的第三级、第四级体力劳动强度的作业；

（四）高处作业分级标准中规定的第三级、第四级高处作业。

依法答疑

女职工在经期内从事某些工作很可能给其带来无法逆转的身体伤害，不利于健康。上述《劳动法》《女职工劳动保护特别规定》中的两条规定明确列举了女职工在经期不得从事的工作，如果用人单位违反法律的规定，女职工有权拒绝。

在上面的案例中，单位安排小荀在经期从事冷水作业。如果该冷水作业属于分级标准中的第二级、第三级、第四级，那么小荀就有权拒绝。

70. 限制女职工生育时间的条款有效吗?

现实困惑

牛女士今年25岁，跳槽到现在单位工作。单位提出，由于牛女士正处于生育年龄，为工作稳定考虑，要求她承诺三年内不生孩子，否则视为自动离职。请问，限制生育时间的条款有效吗?

法律依据

《妇女权益保障法》

第四十三条　用人单位在招录（聘）过程中，除国家另有规定外，不得实施下列行为：

（一）限定为男性或者规定男性优先；

（二）除个人基本信息外，进一步询问或者调查女性求职者的婚育情况；

（三）将妊娠测试作为入职体检项目；

（四）将限制结婚、生育或者婚姻、生育状况作为录（聘）用条件；

（五）其他以性别为由拒绝录（聘）用妇女或者差别化地提高对妇女录（聘）用标准的行为。

第四十四条 用人单位在录（聘）用女职工时，应当依法与其签订劳动（聘用）合同或者服务协议，劳动（聘用）合同或者服务协议中应当具备女职工特殊保护条款，并不得规定限制女职工结婚、生育等内容。

……

依法答疑

生育权是女性固有的权利，女性有权决定自己是否生育、于何时生育，用人单位不能对此横加干涉，更不能在聘用或订立劳动合同中对女性职工的生育问题加以限制。

在上面的案例中，该单位要求牛女士承诺三年内不生孩子，否则视为自动离职，这是不合法的。即使该单位将牛女士的承诺写入劳动合同，该条款也会因为违反法律强制性规定而不具备法律效力。如果该单位因牛女士生育而解除劳动合同，牛女士有权通过劳动仲裁、诉讼等方式维护自己的权利。当然，出于对女性职工与用人单位共赢的考虑，女性职工也应当尽量避免刻意在入职后立即怀孕生子，以免工作无人接替，给用人单位造成损失。

71. 女职工怀孕后单位拒绝为其调整需要上夜班的岗位，是否合法？

现实困惑

顾女士所从事的工作排班规则为“三班倒”，每隔一段时间就需要值夜班。顾女士怀孕三个月时，希望单位给她安排在白天的工作。单位领导说现在不好调整，让她先在原来的岗位上等消息。请问，单位的做法是否违法？

法律依据

《劳动法》

第六十一条　不得安排女职工在怀孕期间从事国家规定的第三级体力劳动强度的劳动和孕期禁忌从事的劳动。对怀孕七个月以上的女职工，不得安排其延长工作时间和夜班劳动。

《女职工劳动保护特别规定》

第六条　……

对怀孕7个月以上的女职工，用人单位不得延长劳动时间或者安排夜班劳动，并应当在劳动时间内安排一定的休息时间。

……

依法答疑

对于处于孕期的女职工来说，其身体正处于一个较为脆弱和敏感的状态，为了保证孕期女职工的身心健康，用人单位应当对其进行特殊照顾。这一点在我国的法律中也有所体现。

在上面的案例中，顾女士怀孕三个月，单位在得知此事后没有为其调整夜班的岗位，并不违法。因为从法律规定可以看出，对于怀孕不满七个月的女职工，用人单位是可以安排夜班工作的。如果顾女士存在特殊情况，如胎象不稳需要多加休息，可以向单位说明情况，并提供医院的诊断证明等，请求单位减少她的夜班工作。

72. 单位以女职工怀孕为由将晋升机会给了其他职工，是否合法?

现实困惑

沙女士为某单位职工，正面临一个晋升机会。沙女士业绩突出，本以为这次晋升非自己莫属，却没想到领导以她已经怀孕，将来需要照顾家庭为由，将晋升机会给了男同事。请问，该单位的做法是否合法?

法律依据

《妇女权益保障法》

第四十八条　用人单位不得因结婚、怀孕、产假、哺乳等情形，降低女职工的工资和福利待遇，限制女职工晋职、晋级、评聘专业技术职称和职务，辞退女职工，单方解除劳动（聘用）合同或者服务协议。

……

依法答疑

女职工在怀孕期间的劳动权利需要得到特殊的保护，一方面是因为怀孕时期的女职工身体状况特殊，需要特殊照顾；另一方面是因为怀孕女职工面临产假，部分无良用人单位很可能会趁机降低女职工的待遇以减少用人成本。根据法律的规定，怀孕期间的女职工与他人在职场上享有平等的权利，晋升、涨薪等机会不能将其排除在外。

在上面的案例中，沙女士业绩突出，却因为怀孕失去了晋升的机会。该单位的做法违反了法律的规定，沙女士有权提出异议，用法律维护自身的合法权益。

73. 产假期间劳动合同到期，该如何处置？

现实困惑

在毛女士开始休产假的第一个月时，她与单位签订的劳动合同到期了。请问，此时毛女士与单位之间的劳动合同应如何处置？

法律依据

《妇女权益保障法》

第四十八条 ……

女职工在怀孕以及依法享受产假期间，劳动（聘用）合同或者服务协议期满的，劳动（聘用）合同或者服务协议期限自动延续至产假结束。但是，用人单位依法解除、终止劳动（聘用）合同、服务协议，或者女职工依法要求解除、终止劳动（聘用）合同、服务协议的除外。

……

依法答疑

从法律规定可以看出，在女职工怀孕及休产假期间，劳动合同即使已经到期，也不能随意终止。为了保障女职工在怀孕期间的正当劳动权利，避免劳动合同终止给其带来的一系列问题，如社保断缴、收入得不到保障等，应当将劳动合同的期限顺延至产假结束后。当然，如果存在用人单位依法可以解除劳动合同，或者女职工主动要求终止劳动合同的情况，劳动合同期限则无须顺延。

在上面的案例中，毛女士休产假的第一个月劳动合同就到期了。根据法律的规定，劳动合同的期限应当顺延至毛女士产假结束后。当然，当产假结束后，双方还要协商劳动合同的续签或终止问题。

74. 用人单位可以因工作任务重、缺人手等原因削减女职工的产假吗?

现实困惑

张女士在产假还有二十天到期时，突然接到单位领导电话。领导表示当前工作任务重，又有好几个人跳槽离职，急需人手，让张女士提前回到岗位工作。请问，用人单位可以因工作任务重、缺人手等原因削减女职工的产假吗？

法律依据

《劳动法》

第六十二条　女职工生育享受不少于九十天的产假。

第九十五条　用人单位违反本法对女职工和未成年工的保护

规定，侵害其合法权益的，由劳动行政部门责令改正，处以罚款；对女职工或者未成年工造成损害的，应当承担赔偿责任。

《女职工劳动保护特别规定》

第七条 女职工生育享受98天产假，其中产前可以休假15天；难产的，增加产假15天；生育多胞胎的，每多生育1个婴儿，增加产假15天。

女职工怀孕未满4个月流产的，享受15天产假；怀孕满4个月流产的，享受42天产假。

第十四条 用人单位违反本规定，侵害女职工合法权益的，女职工可以依法投诉、举报、申诉，依法向劳动人事争议调解仲裁机构申请调解仲裁，对仲裁裁决不服的，依法向人民法院提起诉讼。

依法答疑

由法律规定可知，女职工享受产假是法律赋予的权利。对于产假天数，各省、自治区、直辖市可能有不同的规定，但均不少于上述法律规定。用人单位更不能削减女职工的产假天数。

如果用人单位削减女职工产假天数，女职工可以向劳动行政部门反映，由劳动行政部门对用人单位作出处罚；还可以依法申请劳动仲裁。如果因减少产假天数给女职工造成损害，女职工有权要求用人单位承担赔偿责任。

在上面的案例中，单位不能因任务重、缺人手就要求张女士提前结束产假。对于单位的要求，张女士有权拒绝，并在产假休满后再回到岗位工作。

75. 单位可以扣除怀孕女职工产检期间的工资吗？

现实困惑

小徐怀孕后，随着月份渐大，需要定期去做产检，每次耗时一个上午。单位每月都会扣除她因产检而耽误的半天工资。请问，单位可以扣除怀孕女职工产检期间的工资吗？

法律依据

《女职工劳动保护特别规定》

第六条　……

怀孕女职工在劳动时间内进行产前检查，所需时间计入劳动时间。

第十四条　用人单位违反本规定，侵害女职工合法权益的，女职工可以依法投诉、举报、申诉，依法向劳动人事争议调解仲裁机构申请调解仲裁，对仲裁裁决不服的，依法向人民法院提起诉讼。

依法答疑

女职工在怀孕后，必须进行产检，并且检查时间需要遵循医院安排，一般不能随意更改。因此，用人单位不仅不能妨碍怀孕女职工进行产检，还不能侵害其产检期间的正当权益。如果怀孕女职工在劳动时间内进行产检的，产检需要的时间计入劳动时间，用人单位应当向女职工发放产检期间的工资。如果用人单位克扣这一部分工资，女职工有权通过法律手段维护自己的权益。

在上面的案例中，小徐怀孕期间进行产检是她的正当权利，单位不能因此扣除她在产检期间的工资。小徐可以先与单位进行协商要回，如果单位坚持不支付此部分工资，则小徐可以通过投诉、仲裁等方式进行维权。

76. 在哺乳期被安排加班，是否有权拒绝？

现实困惑

小孙的孩子出生刚满六个月，还需要母乳喂养。最近，由于部门内业务量加大，单位安排小孙在下班后加班，持续一周。请问，小孙有权拒绝吗？

法律依据

《劳动法》

第六十三条　不得安排女职工在哺乳未满一周岁的婴儿期间从事国家规定的第三级体力劳动强度的劳动和哺乳期禁忌从事的其他劳动，不得安排其延长工作时间和夜班劳动。

《女职工劳动保护特别规定》

第九条　对哺乳未满1周岁婴儿的女职工，用人单位不得延长劳动时间或者安排夜班劳动。

用人单位应当在每天的劳动时间内为哺乳期女职工安排1小时哺乳时间；女职工生育多胞胎的，每多哺乳1个婴儿每天增加1小时哺乳时间。

依法答疑

对于哺乳期的妇女，用人单位是不能为其安排加班或者夜班的。法律这样规定主要有两方面的考虑：一方面，哺乳期妇女需要照顾孩子，本身较为疲惫，需要充足的休息以保证身体健康；另一方面，如果安排哺乳期妇女加班，必然会压缩哺乳时间，不利于婴儿的健康成长。

在上面的案例中，小孙的孩子才六个月大，对于单位的加班安排，她是有权拒绝的，单位不得因此降低她的工资、福利待遇等。当然，为了部门利益，小孙可以与部门内其他员工做好协调，尽量在正常工作时间内完成工作。

77. 女职工能下矿井工作吗？

现实困惑

狄女士是某矿厂的职工，从事内勤工作。由于家中经济较为困难，狄女士见下矿井的工资高，便主动向矿厂要求下矿井工作，并表示愿意签订免责协议。请问，该矿厂能同意狄女士的申请吗？

法律依据

《劳动法》

第五十九条 禁止安排女职工从事矿山井下、国家规定的第四级体力劳动强度的劳动和其他禁忌从事的劳动。

《女职工劳动保护特别规定》

附录

一、女职工禁忌从事的劳动范围：

（一）矿山井下作业；

……

依法答疑

女职工不得从事矿山井下作业，这是法律的禁止性规定。也就是说，无论在何种情况下，也无论女职工是否出于自愿，用人单位都不得安排其从事矿山井下作业。之所以这样规定，是出于对男职工与女职工之间的体力差异的考虑。女职工体力相对较弱，在矿山井下作业时，如果发生事故，更容易受到伤害。因此，用人单位应当秉持对女职工负责的态度，坚决禁止女职工下矿井作业。

在上面的案例中，虽然狄女士主动向矿厂提出要下矿井作业，但该矿厂不得同意狄女士的申请。即使双方之间签订免责协议，也会因为该协议违反法律的强制性规定而无效。

78. 要求员工24小时回复微信，属于加班吗？

现实困惑

耿女士入职某单位时，签订的劳动合同中约定，出于工作性质考虑，员工必须24小时及时回复客户微信。一年后，耿女士从该单位离职，并认为下班后回复客户微信的时间属于加班，单位应当支付加班费。请问，耿女士的要求是否合理？

法律依据

《劳动法》

第三十六条　国家实行劳动者每日工作时间不超过八小时、平均每周工作时间不超过四十四小时的工时制度。

第三十八条 用人单位应当保证劳动者每周至少休息一日。

第三十九条 企业因生产特点不能实行本法第三十六条、第三十八条规定的，经劳动行政部门批准，可以实行其他工作和休息办法。

依法答疑

根据法律的规定，就普通企业来说，应当依法实行8小时工作制。劳动者每日劳动时间超过8小时的，用人单位应当向劳动者支付加班费。如果因企业生产特点无法实行8小时工作制的，必须经过劳动行政部门批准后，才可以实行其他劳动制度。

在上面的案例中，该单位要求员工必须24小时回复客户微信，这一要求无疑会占用员工的休息时间。如果该单位并没有经过劳动行政部门批准，就说明员工在下班后仍然需要执行工作任务的时间应当属于加班时间，该单位应当向耿女士支付加班费。但由于下班后回复客户微信的时间往往不具备规律性，具体时长也很难进行统计。因此对于加班费的具体数额，应当根据耿女士在下班后回复客户微信的频率、时长以及内容等，在综合考虑下加以确定。

79.单位未缴纳生育保险，女职工如何得到补偿？

现实困惑

敖女士所在单位没有为员工缴纳生育保险，导致她在怀孕生子后无法正常领取生育津贴和生育医疗费。请问，敖女士应当如何得到补偿？

法律依据

《劳动合同法》

第三十八条　用人单位有下列情形之一的，劳动者可以解除劳动合同：

（一）未按照劳动合同约定提供劳动保护或者劳动条件的；

（二）未及时足额支付劳动报酬的；

（三）未依法为劳动者缴纳社会保险费的；

（四）用人单位的规章制度违反法律、法规的规定，损害劳动者权益的；

（五）因本法第二十六条第一款规定的情形致使劳动合同无效的；

（六）法律、行政法规规定劳动者可以解除劳动合同的其他情形。

用人单位以暴力、威胁或者非法限制人身自由的手段强迫劳动者劳动的，或者用人单位违章指挥、强令冒险作业危及劳动者人身安全的，劳动者可以立即解除劳动合同，不需事先告知用人单位。

第四十六条 有下列情形之一的，用人单位应当向劳动者支付经济补偿：

（一）劳动者依照本法第三十八条规定解除劳动合同的；

……

第四十七条 经济补偿按劳动者在本单位工作的年限，每满一年支付一个月工资的标准向劳动者支付。六个月以上不满一年的，按一年计算；不满六个月的，向劳动者支付半个月工资的经济补偿。

劳动者月工资高于用人单位所在直辖市、设区的市级人民政府公布的本地区上年度职工月平均工资三倍的，向其支付经济补偿的标准按职工月平均工资三倍的数额支付，向其支付经济补偿的年限最高不超过十二年。

本条所称月工资是指劳动者在劳动合同解除或者终止前十二个月的平均工资。

依法答疑

为本单位劳动者缴纳社会保险是用人单位应尽的义务，如果不缴纳社会保险，用人单位将承担相应的法律责任。劳动者有权因此与用人单位解除劳动合同，并要求用人单位给付相应的经济补偿。

在上面的案例中，该单位没有依法为职工缴纳生育保险，导致敖女士在生育后无法正常领取生育津贴与生育医疗费。在这种情况下，她可以直接与单位解除劳动合同，并要求单位按照其工作年限与工资标准支付经济补偿。此外，敖女士还可以要求单位支付其应得的产假工资、生育津贴和生育医疗费。如果遭到拒绝，她可以向当地劳动争议仲裁委员会申请仲裁。如果对裁决结果不服，她还可以向法院提起诉讼。

80. 没工作的家庭主妇能享受生育保险待遇吗？

现实困惑

袁某自从结婚后，就没有再上班，成了一名家庭主妇。前不久，袁某生了一个孩子。袁某想知道，自己没有工作，但是丈夫单位为职工缴纳生育保险费，她能享受生育保险待遇吗？

法律依据

《社会保险法》

第五十四条　用人单位已经缴纳生育保险费的，其职工享受生育保险待遇；职工未就业配偶按照国家规定享受生育医疗费用待遇。所需资金从生育保险基金中支付。

生育保险待遇包括生育医疗费用和生育津贴。

依法答疑

无论是男职工还是女职工，用人单位都应当为其缴纳生育保险费，这是用人单位必须履行的义务。与女职工相比，男职工无法直接生育子女，因此其享受的生育保险待遇主要体现在其配偶身上。

在上面的案例中，袁某没有工作，自然没有单位为她缴纳生育保险费。但由于她的丈夫为单位职员，单位为其缴纳了生育保险费，因此袁某也可以享受生育医疗费用待遇，依法报销生育医疗费用，但是不能领取生育津贴。

81. 主动提出离职，可以领取失业保险金吗？

现实困惑

封某找了一份电话销售的工作。在工作两年后，她认为销售这一工作与自己未来的发展规划不相符，便主动向单位提出了离职，想要找一份新的工作。请问，封某离职后，是否可以领取失业保险金呢？

法律依据

《社会保险法》

第四十五条 失业人员符合下列条件的，从失业保险基金中领取失业保险金：

（一）失业前用人单位和本人已经缴纳失业保险费满一年的；

（二）非因本人意愿中断就业的；

（三）已经进行失业登记，并有求职要求的。

依法答疑

国家设立失业保险，是为了保障因失业而失去收入的劳动者基本生活的权益，为其提供一定的经济来源，促进其再就业，从而维护社会的稳定秩序。法律规定了失业人员领取失业保险金的条件。可以看出，只有在非因本人意愿中断就业的情况下，失业人员才能领取失业保险金。如果失业人员是主动辞职的，就不能领取失业保险金。

在上面的案例中，封某因工作不符合自己未来的发展规划而主动提出辞职，完全是出于自愿，而非单位将其解聘或裁员。因此，即使封某已经在单位工作两年，缴纳失业保险费满两年，也不能因离职而领取失业保险金。

第五章

财产继承与保护

法律保护我们每个人的财产权。本章列举妇女在财产获得、财产保护、财产继承等方面常见的纠纷，对与妇女的继承权、财产权益不受侵害相关的案例进行解析。

82. 未出生的孩子有权得到遗产份额吗?

现实困惑

梅女士怀孕五个月时，丈夫在一场事故中意外去世。为了给自己留个念想，梅女士决定将孩子生下来。在分割丈夫的遗产时，公公婆婆将遗产平均分成了三份，他们与梅女士每人一份。请问，梅女士腹中的孩子有权得到遗产份额吗?

法律依据

《民法典》

第一千一百五十五条　遗产分割时，应当保留胎儿的继承份额。胎儿娩出时是死体的，保留的份额按照法定继承办理。

《最高人民法院关于适用〈中华人民共和国民法典〉继承编的解释（一）》

第三十一条　应当为胎儿保留的遗产份额没有保留的，应从继承人所继承的遗产中扣回。

为胎儿保留的遗产份额，如胎儿出生后死亡的，由其继承人继承；如胎儿娩出时是死体的，由被继承人的继承人继承。

依法答疑

一般来说，自然人的民事权利应当自出生时获得。也就是说，一个人只有出生后成为独立的个体，其民事权利才会得到法律的承认。但是，在特殊情况下，如接受赠与或者继承遗产时，根据法律的规定，应当将胎儿视作具有民事权利，保留其应当享有的份额。

在上面的案例中，梅女士的孩子虽然还没有出生，但在分配遗产时，应当考虑到胎儿的存在，将遗产分为四份进行继承。由于梅女士与公公婆婆在继承遗产时，并没有为胎儿保留份额，因此应当将胎儿应得的份额从三人已经继承的遗产中扣回。如果胎儿出生时就已经死亡的，那么为胎儿保留的份额仍然应当由梅女士与她的公公婆婆继承。如果胎儿在出生后存活一段时间后又死亡的，那么胎儿的遗产份额就应当由梅女士继承。

83. 赌气放弃继承权，事后还能反悔吗？

现实困惑

井女士有一个弟弟。从小到大，父母对弟弟比对井女士要好得多，有什么好吃的好玩的总是优先弟弟。井女士认为父母重男轻女，工作后便搬出了家里，甚至赌气说放弃对父母遗产的继承权。请问，井女士表示放弃继承权，以后还能反悔吗？

法律依据

《民法典》

第一千一百二十四条 继承开始后，继承人放弃继承的，应当在遗产处理前，以书面形式作出放弃继承的表示；没有表示的，视为接受继承。

……

《最高人民法院关于适用〈中华人民共和国民法典〉继承编的解释（一）》

第三十三条 继承人放弃继承应当以书面形式向遗产管理人或者其他继承人表示。

第三十六条 遗产处理前或者在诉讼进行中，继承人对放弃继承反悔的，由人民法院根据其提出的具体理由，决定是否承认。遗产处理后，继承人对放弃继承反悔的，不予承认。

依法答疑

继承人是可以放弃继承权的，要放弃继承权，需要满足以下条件：第一，放弃继承权的意思表示应当在继承开始后、遗产分割前作出。第二，放弃继承权的意思表示应当以书面形式作出。需要注意的是，如果继承人对放弃继承的决定反悔，不仅需要在遗产处理前作出，还应当取得人民法院的承认。如果在遗产分割完毕后，继承人才后悔放弃继承的，不能再继续继承遗产。

在上面的案例中，井女士因与父母赌气扬言放弃继承遗产。井女士放弃继承权的意思表示并不是在继承开始后作出的，且只是口头表示，也就是说，她放弃继承的声明在法律上并没有效力，她仍然有继承父母遗产的权利。但如果井女士在继承开始后，遗产处理前以书面形式放弃继承权，她后悔做这个决定，就应当向法院说明反悔的理由，在得到法院承认后，才可以继续继承父母的遗产。

84. 妻子再婚，需要退回所继承的遗产吗？

现实困惑

秦女士是一名家庭主妇，丈夫因病去世后，她与公公婆婆共同继承了丈夫的遗产。两年后，她经人介绍认识了新的结婚对象，想要再婚。前公公婆婆知道这件事后，立刻出面阻止，表示秦女士当年继承的遗产都是他们的儿子挣回来的，如果她要再婚，就要将遗产退回。请问，这种说法有法律依据吗？

法律依据

《民法典》

第一千一百二十七条 遗产按照下列顺序继承

（一）第一顺序：配偶、子女、父母；

……

继承开始后，由第一顺序继承人继承，第二顺序继承人不继承;没有第一顺序继承人继承的，由第二顺序继承人继承。

……

第一千一百五十七条　夫妻一方死亡后另一方再婚的，有权处分所继承的财产，任何组织或者个人不得干涉。

依法答疑

从法律规定可以看出，当被继承人去世后，如果其没有留下遗嘱，那么其配偶可以作为第一顺序继承人继承遗产。这里的配偶是指在被继承人去世时与其具有合法婚姻关系的配偶，不论配偶之后是否会再婚，都不影响其此时继承遗产的权利。遗产继承后，被继承人的配偶取得遗产的所有权，成为该遗产新的所有权人。这代表配偶有权依照自己的意愿随意处分所继承的遗产，而不受他人的干涉。

在上面的案例中，秦女士虽然是家庭主妇，但是她在丈夫去世后有权继承丈夫的遗产，并且这种权利不会受到她再婚的影响，也不能限制其再婚。

秦女士在继承去世丈夫的遗产后，有权利用这笔遗产从事任何合法活动，也有权再婚，她的前公公婆婆不能因她再婚而要求她将遗产返还。

85. 对父母尽到的赡养义务较少，还能继承遗产吗？

现实困惑

齐女士嫁到了外省，婚后也就不能像家中两个弟弟一样，常在父母面前尽孝。请问，齐女士对父母尽到的赡养义务较少，还能继承父母的遗产吗？

法律依据

《民法典》

第一千一百三十条 ……

对被继承人尽了主要扶养义务或者与被继承人共同生活的继承人，分配遗产时，可以多分。

……

依法答疑

在法定继承的情况下，继承人单纯未尽到赡养义务与其是否具有继承权之间并没有直接的、必然的联系。换句话说，如果继承人没有尽到赡养义务，那么被继承人有权通过诉讼等方式要求其承担赡养责任，但继承人并不会因此失去继承权。但是，在遗产具体分配时，承担了更多赡养义务的继承人是有权多分遗产的，而具体的继承数额可以由各个继承人协商。

在上面的案例中，齐女士虽然对父母尽到的赡养义务较少，但仍然有权继承父母的遗产。在遗产分配时，齐女士可以与弟弟们进行协商，确定合理的遗产分配方案。如果他们之间无法达成合意，也可以通过调解、诉讼等方式来解决遗产的分配问题。

86. 妻子在丈夫去世后能继承公婆的遗产吗？

现实困惑

冉女士与丈夫结婚多年，后丈夫不幸因病去世。由于丈夫为独生子，丈夫去世后冉女士担心公婆无人赡养，便将两位老人接到身边，为他们养老送终。请问，两位老人去世后，冉女士有权继承他们的遗产吗？

法律依据

《民法典》

第一千一百二十九条　丧偶儿媳对公婆，丧偶女婿对岳父母，尽了主要赡养义务的，作为第一顺序继承人。

依法答疑

在婚姻关系中，夫妻负有协助另一方赡养父母的义务。如果夫妻一方不幸去世，这代表夫妻之间的婚姻关系在客观上已经无法继续存在，那么去世一方的父母与另一方在法律上也就不存在任何关系。在这种情况下，另一方是没有义务赡养去世一方的父母的。如果另一方依然出于情义对去世一方的父母承担了赡养义务，此时应当从法律的角度对这种行为加以肯定。

在上面的案例中，冉女士在丈夫去世后，仍然将公婆接到身边为他们养老送终，她的行为是应当得到赞扬的。根据法律的规定，无论冉女士今后是否再婚，都不会影响她对公婆遗产的继承权。

87. 送养的子女还能继承生父母的遗产吗？

现实困惑

杨某年幼时被亲生父母送给他人抚养。成年后的杨某见亲生父母一辈子没有其他子女，老无所依，便不计前嫌，主动为两位老人养老送终。请问，被送养的子女为亲生父母养老送终，是否可以继承亲生父母的遗产呢？

法律依据

《民法典》

第一千一百二十七条　遗产按照下列顺序继承：

（一）第一顺序：配偶、子女、父母；

……

本编所称子女，包括婚生子女、非婚生子女、养子女和有扶养关系的继子女。

本编所称父母，包括生父母、养父母和有扶养关系的继父母。

……

第一千一百三十一条　对继承人以外的依靠被继承人扶养的人，或者继承人以外的对被继承人扶养较多的人，可以分给适当的遗产。

《最高人民法院关于适用〈中华人民共和国民法典〉继承编的解释（一）》

第十条　被收养人对养父母尽了赡养义务，同时又对生父母扶养较多的，除可以依照民法典第一千一百二十七条的规定继承养父母的遗产外，还可以依照民法典第一千一百三十一条的规定分得生父母适当的遗产。

依法答疑

被收养人被收养后，与养父母之间形成法律上的父母子女关系，与生父母之间的权利义务关系即行消除。也就是说，生父母不再对被收养人负有抚养义务，被收养人成年后也无须再赡养生父母。在继承方面，被收养人不再是生父母遗产的法定继承人，无权继承生父母的遗产。但是，如果被收养人在收养关系并未解除的情况下，依然对生父母进行扶养的，此时其履行的并非法定义务，而是一种义举，应当得到法律的肯定与鼓励。因此，在这种情况下，被收养人有权分得生父母的遗产。

在上面的案例中，杨某被养父母收养后，在法律上不再对亲生父母承担赡养责任。但她不计前嫌，为老无所依的亲生父母养老送终，可以因此而分得生父母的遗产。

88. 篡改遗嘱，会丧失继承权吗？

现实困惑

刘某有一个妹妹。妹妹从小就听话懂事，长大后工作顺利、家庭幸福，很受父母的偏爱。刘某一直觉得父母偏心，与妹妹之间的感情也不亲密。有次回娘家时，她无意中发现父母已经立好了遗嘱，将绝大部分遗产都留给了妹妹。刘某顿觉心中不平衡，于是偷偷改了遗嘱内容。请问，刘某篡改遗嘱，是否会因此丧失继承权？

法律依据

《民法典》

第一千一百二十五条　继承人有下列行为之一的，丧失继承权：

（一）故意杀害被继承人；

（二）为争夺遗产而杀害其他继承人；

（三）遗弃被继承人，或者虐待被继承人情节严重；

（四）伪造、篡改、隐匿或者销毁遗嘱，情节严重；

（五）以欺诈、胁迫手段迫使或者妨碍被继承人设立、变更或者撤回遗嘱，情节严重。

继承人有前款第三项至第五项行为，确有悔改表现，被继承人表示宽恕或者事后在遗嘱中将其列为继承人的，该继承人不丧失继承权。

……

《最高人民法院关于适用〈中华人民共和国民法典〉继承编的解释（一）》

第九条　继承人伪造、篡改、隐匿或者销毁遗嘱，侵害了缺乏劳动能力又无生活来源的继承人的利益，并造成其生活困难的，应当认定为民法典第一千一百二十五条第一款第四项规定的“情节严重”。

依法答疑

继承人篡改遗嘱是继承人可能丧失继承权的原因之一，但不必然导致继承人丧失继承权，只有在情节严重且最终也没有被被继承人宽恕的情况下，才会丧失继承权。言外之意，即使某继承人篡改遗嘱情节严重，从法律上被认定为其具备丧失继承权的条件，但是，如果其得到了被继承人的宽恕，也不会因此丧失继承权。

在上面的案例中，刘某虽然篡改了遗嘱，但作为另一继承人的妹妹工作顺利、家庭幸福，并不属于缺乏劳动能力又无生活来源的继承人。因此，刘某篡改遗嘱的行为不属于情节严重，不丧失继承权。但是，由于刘某篡改后的遗嘱不能表示刘某父母的真实意思，因此其篡改行为不具有法律效力，仍然应当按照原本的遗嘱发生继承。

89. 遗书能否被认定为遗嘱？

现实困惑

邱女士因身体不适到医院检查，得知自己竟然患上了癌症，病情已经发展到晚期。在生命的最后几个月中，她的家人和朋友始终陪伴在她身边，给予她支持和鼓励。临终前，邱女士留下了一封遗书，在遗书中表达了自己对世界的留恋以及对家人朋友的感谢，并对自己的遗产进行了分配。请问，邱女士留下的遗书是否能被认定为遗嘱？

法律依据

《民法典》

第一千一百三十四条　自书遗嘱由遗嘱人亲笔书写，签名，注明年、月、日。

《最高人民法院关于适用〈中华人民共和国民法典〉继承编的解释（一）》

第二十七条　自然人在遗书中涉及死后个人财产处分的内容，确为死者的真实意思表示，有本人签名并注明了年、月、日，又无相反证据的，可以按自书遗嘱对待。

依法答疑

从法律规定可以看出，遗书要认定为遗嘱，需要符合以下两个条件：第一，遗书中包含死后个人财产处分的内容，并且该内容能够体现死者真实的意思表示；第二，遗书符合自书遗嘱的形式要件。只有在同时满足以上两个条件的情况下，自然人留下的遗书才能被当作自书遗嘱对待。如果遗书中虽然涉及财产处分，但没有注明年、月、日以及本人签名，就不能被认定为遗嘱，遗产应当按照法定继承的方式发生继承。

在上面的案例中，邱女士所留下的遗书中包含了遗产分配的相关内容。在这种情况下，如果邱女士在遗书中签名并注明了年、月、日，那么该遗书就属于遗嘱，在遗产继承时应当尊重邱女士的真实意愿。

90. 未成年人写下的遗嘱，具有法律效力吗？

现实困惑

15岁的小曲曾患抑郁症，在病情的作用下，充满悲观厌世的念头，一度想要自杀。她平日跟奶奶感情最好，于是写下一纸遗嘱，说如果自己不在了，属于自己的东西全部留给奶奶。请问，小曲写的遗嘱有法律效力吗？

法律依据

《民法典》

第一千一百四十三条　无民事行为能力人或者限制民事行为能力人所立的遗嘱无效。

……

《最高人民法院关于适用〈中华人民共和国民法典〉继承编的解释（一）》

第二十八条　遗嘱人立遗嘱时必须具有完全民事行为能力。无民事行为能力人或者限制民事行为能力人所立的遗嘱，即使其本人后来具有完全民事行为能力，仍属无效遗嘱。遗嘱人立遗嘱时具有完全民事行为能力，后来成为无民事行为能力人或者限制民事行为能力人的，不影响遗嘱的效力。

依法答疑

随着人们经济水平的提高，越来越多的未成年人有了属于自己的财产。但由于未成年人一般不具备完全民事行为能力，在处分财产时会受到诸多限制。而遗嘱的内容是对遗产的处分，超出了未成年人可以实施的民事法律行为的范畴。因此，未成年人所立的遗嘱是无效的。当未成年人年满18周岁后，成为完全民事行为能力人，可以订立新的遗嘱，原来立的遗嘱不会因其成年而发生法律效力。

在上面的案例中，小曲立遗嘱时只有15岁，还是未成年人，其所立的遗嘱是无效的。如果她在未成年时过世，其遗产应当按照法定继承的方式继承。小曲成年后，原来的遗嘱依然不具有法律效力。

91. 孙子、孙女能否做奶奶的遗嘱见证人？

现实困惑

顾老太有一对孙子、孙女，其中一个已经工作，另一个正在上大学，也已经成年。由于顾老太年事已高，她想要立一份录音遗嘱，来交代身后事。顾老太听说，录音遗嘱需要见证人才能具备法律效力，她想到孙子、孙女都是大学生，有文化，便想让他们来当见证人。请问，顾老太的孙子、孙女是否能当她的遗嘱见证人？

法律依据

《民法典》

第一千一百三十七条 以录音录像形式立的遗嘱，应当有两个以上见证人在场见证。遗嘱人和见证人应当在录音录像中记录其姓名或者肖像，以及年、月、日。

第一千一百四十条 下列人员不能作为遗嘱见证人：

（一）无民事行为能力人、限制民事行为能力人以及其他不具有见证能力的人；

（二）继承人、受遗赠人；

（三）与继承人、受遗赠人有利害关系的人。

依法答疑

除自书遗嘱外，其他种类的遗嘱都需要见证人在场见证，录音遗嘱也不例外。遗嘱人在选定见证人时，除了要保证见证人的数量在两人以上，还要确保见证人具有见证能力，并符合法律规定的限制条件。如果遗嘱人选定的见证人属于法律规定的不能作为遗嘱见证人的范围，那么其立下的遗嘱就无法具备法律效力。

在上面的案例中，顾老太选定的见证人为自己成年的孙子和孙女。在顾老太的儿女在世的情况下，孙子、孙女与顾老太的儿女也就是继承人有利害关系，因此不能作为遗嘱见证人。

92. 危急情况下订立的口头遗嘱，事后还有效吗？

现实困惑

莫女士在上班路上遭遇了车祸，受伤严重。她担心自己会撑不过去，便趁着还有意识时，在医护人员的见证下立下了口头遗嘱。经过医护人员的奋力抢救，莫女士脱离了生命危险并最终康复。请问，她之前立下的口头遗嘱是否还有效？

法律依据

《民法典》

第一千一百三十八条　遗嘱人在危急情况下，可以立口头遗嘱。口头遗嘱应当有两个以上见证人在场见证。危急情况消除后，遗嘱人能够以书面或者录音录像形式立遗嘱的，所立的口头遗嘱无效。

依法答疑

立口头遗嘱具有门槛低、较为方便快捷等优点，同时也有容易被作伪、意思传达易有偏差等缺点。为了能够更好地保障遗嘱人的真实意思表示，在立口头遗嘱时，法律规定了较为严格的限制条件。立口头遗嘱只能在危急情况下且有两个以上见证人在场见证；立口头遗嘱后，如果危急情况消失，且遗嘱人能够以其他方式立遗嘱，那么原来的口头遗嘱无效。但是，如果危急情况消失，而遗嘱人丧失了民事行为能力，或无法表达自己意志的，那么原来的口头遗嘱依然有效。

在上面的案例中，莫女士遭遇车祸后身受重伤，正处于危急情况下，可以立口头遗嘱。经过抢救后，她脱离了生命危险并最终康复，这代表她将可以用其他方式立下新的遗嘱。在这种情况下，她于抢救前订立的口头遗嘱则无效。

93. 对遗嘱进行公证后又修改了内容，以哪份为准？

现实困惑

郭女士的三个子女经常发生矛盾。随着她年龄渐大、疾病增多，子女之间又因赡养问题吵得不可开交。为了安抚子女，她决定提前立下遗嘱将自己的遗产平均分给三个子女，并进行了公证。遗嘱公证后，两个儿子有恃无恐，对她态度冷淡，只有大女儿依然尽心尽力。于是，她修改了遗嘱内容，将大部分遗产留给了大女儿。请问，对遗嘱进行公证后又修改遗嘱的，应当以哪份遗嘱为准？

法律依据

《民法典》

第一千一百四十二条　遗嘱人可以撤回、变更自己所立的遗嘱。

立遗嘱后，遗嘱人实施与遗嘱内容相反的民事法律行为的，视为对遗嘱相关内容的撤回。

立有数份遗嘱，内容相抵触的，以最后的遗嘱为准。

依法答疑

遗嘱所体现的是遗嘱人对自己财产进行处分的真实意愿，遗嘱人有权根据自己的意愿对遗嘱进行修改。遗嘱经过公证后，虽然具有证明力和可靠性，但如果遗嘱人再次修改遗嘱的，仍然应当以后一份遗嘱为准。这是因为后一份遗嘱更能体现遗嘱人的意志，更符合遗嘱人对遗产进行处分的意愿。

在上面的案例中，郭女士对遗嘱进行公证后又进行了修改，内容与前一份遗嘱有冲突，应当以修改后的遗嘱为准。也就是说，当郭女士去世后，她的大女儿有权继承大部分遗产。

94. 遗赠扶养协议被解除后，能要求返还供养费用吗？

现实困惑

方奶奶一生未婚，无儿无女。为了保证老年生活，她与以前的学生程某签订了遗赠扶养协议，以自己未来的一部分遗产作为交换，让程某来照顾她。经过一段时间后，方奶奶觉得程某并不具备照顾自己的耐心和责任心，包括怠于陪自己去医院看病等，于是解除了遗赠扶养协议。请问，程某是否可以要求方奶奶返还他曾经所花费的供养费用？

法律依据

《最高人民法院关于适用〈中华人民共和国民法典〉继承编的解释（一）》

第四十条 继承人以外的组织或者个人与自然人签订遗赠扶养协议后，无正当理由不履行，导致协议解除的，不能享有受遗赠的权利，其支付的供养费用一般不予补偿；遗赠人无正当理由不履行，导致协议解除的，则应当偿还继承人以外的组织或者个人已支付的供养费用。

依法答疑

从司法解释的规定可知，遗赠扶养协议是与继承人以外的组织或者个人签订的。遗赠扶养协议签订后，双方均应履行义务。对于受遗赠人来说，其应当按照协议约定，对遗赠人尽到供养义务。而遗赠人则应当依照约定，将遗产交付给依约履行了供养义务的受遗赠人。如果任意一方无正当理由不遵守约定义务，另一方都有权解除遗赠扶养协议。需要注意的是，如果遗赠扶养协议是因受遗赠人的过错解除的，其不能要求返还已支付的供养费用。

在上面的案例中，程某与方奶奶签订遗赠扶养协议后，怠于履行对方奶奶的扶养义务，违反了协议的约定。方奶奶因此解除了遗赠扶养协议，程某不再享有受遗赠的权利，也不能要求方奶奶补偿曾经所花费的供养费用。

95. 丈夫把房产作为遗产留给儿女，妻子的份额怎么办?

现实困惑

林某的丈夫长年病痛缠身，自知时日无多，便立下遗嘱，将婚后购买登记在自己名下的房屋留给了子女。请问，当遗产包含夫妻共同财产时，应当如何处理呢?

法律依据

《民法典》

第一千一百五十三条 夫妻共同所有的财产，除有约定的外，遗产分割时，应当先将共同所有的财产的一半分出为配偶所有，其余的为被继承人的遗产。

……

依法答疑

遗产是自然人个人所有的合法财产，如果遗产中涉及与他人的共有财产，应当先对共有财产进行分割，属于被继承人个人的部分才能发生继承。对于夫妻共有的财产，在继承前应当先将被继承人配偶的部分分割出去，其余部分才属于被继承人的个人财产，并进行继承。

在上面的案例中，该房屋虽然登记在林某丈夫一人名下，但是在婚后用夫妻共同财产购买的，因此属于夫妻共同财产。应当先将该房屋价值的一半分给林某，剩余的部分再按照林某丈夫留下的遗嘱留给子女继承。

96. 遗嘱继承人死亡，其本应继承的遗产该如何处理？

现实困惑

马女士在生意场上风生水起，名下经营着三家单位，积累了不少财富。为防止四个子女对自己的遗产起争执，她提前立下了遗嘱对每个子女应得的份额进行了分配。但不幸的是，二儿子从小体弱多病，成年后也一直没有成家生子。后因为得了脑瘤，在马女士订立遗嘱后不久就去世了。请问，原本应当由二儿子继承的那一部分遗产应当如何处理呢？

法律依据

《民法典》

第一千一百五十四条　有下列情形之一的，遗产中的有关部分按照法定继承办理：

……

（三）遗嘱继承人、受遗赠人先于遗嘱人死亡或者终止；

……

依法答疑

需要注意的是，上述规定适用于遗嘱继承而非法定继承。遗嘱继承人，即遗嘱人列入遗嘱中的继承人。当遗嘱继承人死亡，其又没有其他继承人的，原本应当由其继承的遗产将无人继承。此时，应当由其他法定继承人按照法律继承这一部分遗产。

在上面的案例中，二儿子作为遗嘱继承人死亡，其又未成家生子，那么原本应当由二儿子继承的遗产份额将由其他法定继承人按照法定继承规定继承。

97. 如果选择独自终老，遗产将如何处置？

现实困惑

蔡某是家里的独生女，是一名坚定的独身主义者，一直没有结婚，也没有生育或领养子女。请问，对于蔡某这样没有配偶且无儿无女的人，在没有立遗嘱的情况下，将来其遗产归谁所有？

法律依据

《民法典》

第一千一百二十七条 遗产按照下列顺序继承：

（一）第一顺序：配偶、子女、父母；

（二）第二顺序：兄弟姐妹、祖父母、外祖父母。

继承开始后，由第一顺序继承人继承，第二顺序继承人不继承；没有第一顺序继承人继承的，由第二顺序继承人继承。

……

第一千一百二十八条　……

被继承人的兄弟姐妹先于被继承人死亡的，由被继承人的兄弟姐妹的子女代位继承。

……

第一千一百六十条　无人继承又无人受遗赠的遗产，归国家所有，用于公益事业；死者生前是集体所有制组织成员的，归所在集体所有制组织所有。

依法答疑

法律规定了法定继承人的范围。其中，配偶、子女、父母为第一顺序继承人，兄弟姐妹、祖父母、外祖父母为第二顺序继承人。也就是说，当被继承人去世后，如果其有第一顺序继承人，那么由第一顺序继承人继承遗产。没有第一顺序继承人的，将由第二顺序继承人继承遗产。如果被继承人去世时没有配偶和子女，其父母在世的，遗产将由父母继承；父母不在世的，遗产将由其兄弟姐妹、祖父母、外祖父母继承。

如果被继承人有兄弟姐妹，但兄弟姐妹先于被继承人去世的，此时兄弟姐妹的子女享有代位继承的权利，可以代其父母继承被继承人的遗产。这一权利是法律赋予的，即使兄弟姐妹的子女并未对被继承人进行扶养，仍然有权继承遗产。

如果继承开始后，被继承人既没有留下遗嘱将遗产赠与他人，又没有其他法定继承人，此时将根据被继承人身份的不同来确定其遗产应归属于国家还是集体所有制组织。

在上面的案例中，蔡某为家里的独生女，当她年老去世后，父母、祖父母、外祖父母也大概率不在人世，这代表没有任何法定继承人来继承她的遗产。若蔡某没有与他人签订遗赠扶养协议，那么如果她是城镇居民，也不属于任何集体组织，其遗产将归国家所有，用于公益事业；如果她是某村村民，其遗产将归其所在的村集体所有。

98. 继承父母遗产后，是否有义务偿还父母所欠债务？

现实困惑

小康的父亲去世前患了重病，为了治病，其不仅卖了房子，还向亲朋好友借款十几万元。父亲去世后，只给她留下了一辆估价约5万元的代步车。请问，如果她继承了父亲的车，是否需要将父亲所欠的债务全部偿还呢？

法律依据

《民法典》

第一千一百六十一条　继承人以所得遗产实际价值为限清偿被继承人依法应当缴纳的税款和债务。超过遗产实际价值部分，继承人自愿偿还的不在此限。

继承人放弃继承的，对被继承人依法应当缴纳的税款和债务可以不负清偿责任。

依法答疑

“父债子偿”是我国的传统观念，但从法律的角度来讲，权利与义务相对应，如果继承人继承了被继承人的遗产，那么就应当承担起相应的义务，对被继承人的债务进行偿还；如果被继承人并未继承遗产，那么也就不需要承担偿还义务。此外，继承人继承遗产后承担的清偿责任以其所继承遗产的实际价值为限，超出部分可以不予偿还。

在上面的案例中，小康的父亲负债十几万元，只留下了一辆5万元的车作为遗产。如果小康继承了该辆车，那么将在该车的实际价值即5万元的范围内对父亲的债务承担清偿责任。对于超出部分，在法律上没有偿还义务，但她可以自愿进行偿还。

99.为了借钱将首饰质押给他人却被损坏，对方需要赔偿吗？

现实困惑

闫女士因急需用钱向他人借款5万元，并将自己价值3万元的首饰质押给债权人作为质押财产。质押期间，由于债权人保管不当，导致首饰损坏，价值严重贬损。请问，对方需要对此损失进行赔偿吗？

法律依据

《民法典》

第四百三十二条 质权人负有妥善保管质押财产的义务；因保管不善致使质押财产毁损、灭失的，应当承担赔偿责任。

……

依法答疑

质押是指债务人或者第三人为了确保债务能够按时偿还，将质押财产交给债权人保管，如果债务到期后债务人无力清偿，那么债权人有权以质押财产的价值优先受偿。当债权人取得质押财产后，有义务将质押财产妥善保存，避免质押财产的价值受损，否则应当承担相应的赔偿责任。

在上面的案例中，闫女士为了借款将首饰质押给债权人，债权人应当采取合理的方式保管这些首饰，并在闫女士清偿借款后将首饰返还。由于债权人保管不善而造成首饰损坏，闫女士有权要求其对价值受损的首饰进行赔偿。

100. 离婚后女方取得了房屋的居住权，男方能将该房屋另行出租吗？

现实困惑

邱女士与前夫离婚时，达成了她可以继续在前夫的房屋中居住至前夫再婚的协议。随后，两人前往登记机关进行了居住权登记。邱女士在该房屋中居住两个月后，前夫突然擅自将该房屋的次卧另行出租给他人。请问，前夫的行为是否合法？

法律依据

《民法典》

第三百六十六条　居住权人有权按照合同约定，对他人的住宅享有占有、使用的用益物权，以满足生活居住的需要。

第三百六十八条　居住权无偿设立，但是当事人另有约定的除外。设立居住权的，应当向登记机构申请居住权登记。居住权自登记时设立。

第三百六十九条　居住权不得转让、继承。设立居住权的住宅不得出租，但是当事人另有约定的除外。

依法答疑

居住权是一种用益物权，一旦设立，就代表居住权人可以在该房屋中生活居住，并且不受他人打扰。居住权设立时，当事人应当签订书面的合同，并在合同中约定关于居住权的具体事项。如果当事人在合同中并未约定任何关于房屋出租的事项，那么房屋所有人就不得在未经居住权人同意的情况下将房屋出租给他人，因为这样会影响居住权人行使其正当权利。

在上面的案例中，邱女士的前夫在自己的房屋上为她设立了居住权，但二人并未对房屋能否出租作出约定。邱女士的前夫擅自出租卧室的行为违反了法律的规定，邱女士有权制止。如果他想要将房屋的次卧出租贴补家用，可以提前与邱女士商量，在取得邱女士同意后再作决定。

101. 租房时因迟交房租被扣除高额滞纳金，合法吗?

现实困惑

王女士通过中介在某小区租赁了一套房屋，并与该中介签订了房屋租赁合同。合同为中介提供的格式合同，其中约定房租为每月3000元，按月支付，每拖延一天则需要另行支付滞纳金350元。王女士因工作忙，有时支付房租并不准时，但该中介从未提醒过。退租时，该中介表示王女士拖延支付房租的天数总共是6天，需要支付2100元的滞纳金。请问，王女士应该支付这笔滞纳金吗?

法律依据

《民法典》

第四百九十六条　格式条款是当事人为了重复使用而预先拟定，并在订立合同时未与对方协商的条款。

采用格式条款订立合同的，提供格式条款的一方应当遵循公平原则确定当事人之间的权利和义务，并采取合理的方式提示对方注意免除或者减轻其责任等与对方有重大利害关系的条款，按照对方的要求，对该条款予以说明。提供格式条款的一方未履行提示或者说明义务，致使对方没有注意或者理解与其有重大利害关系的条款的，对方可以主张该条款不成为合同的内容。

第四百九十七条　有下列情形之一的，该格式条款无效：

……

（二）提供格式条款一方不合理地免除或者减轻其责任、加重对方责任、限制对方主要权利；

……

依法答疑

对于某些需要反复与他人订立合同的行业，如房屋中介公司、保险公司、快递公司等，在订立合同时使用格式条款或格式合同能够加快订立合同的速度，提升工作效率。但是，在拟定格式条款时，应当注意符合法律的规定，并且要遵循公平原则，避免在格式条款中过度加重另一方需要履行的义务。同时，如果格式条款中包含对对方的利益有严重影响的条款，提供格式条款的一方必须履行相应的说明义务。如果格式条款存在加重对方责任、限制对方权利等情形，该格式条款不具备法律效力。

在上面的案例中，王女士所签订的房屋租赁合同为该中介公司所提供的格式合同。其中约定如果迟交房租，则需要支付滞纳金。当事人是可以在合同中约定滞纳金的，但是滞纳金的数额应当合理确定。本案中王女士每月的房租为3000元，而每日的滞纳金却高达350元，这一数额明显高出每日房租，属于加重王女士责任的约定，违反了公平原则的要求。因此，该格式条款应认定为无效条款，王女士无须向中介公司支付滞纳金。

102.家人之间共同出资购买的住房，该如何进行分割?

现实困惑

几年前，沙女士与哥哥共同出资购买了一套房屋。最近，哥哥准备与女朋友领证，便提出想将该房屋转到他一人名下，并给予沙女士一定补偿。两人就补偿金额产生纠纷。请问，该房屋该如何分割?

法律依据

《民法典》

第二百九十九条　共同共有人对共有的不动产或者动产共同享有所有权。

第三百零四条　共有人可以协商确定分割方式。达不成协议，共有的不动产或者动产可以分割且不会因分割减损价值的，应当对实物予以分割；难以分割或者因分割会减损价值的，应当对折价或者拍卖、变卖取得的价款予以分割。

共有人分割所得的不动产或者动产有瑕疵的，其他共有人应当分担损失。

第三百零八条　共有人对共有的不动产或者动产没有约定为按份共有或者共同共有，或者约定不明确的，除共有人具有家庭关系等外，视为按份共有。

依法答疑

根据法律规定可知，如果共有人对共有财产的共有方式没有约定，在共有人之间存在家庭关系的情况下，应当认定为共同共有。共同共有人对共有财产所享有的权利是平等的，应当共同对共有财产进行处分。共同共有人要分割共有财产的，可以通过协商方式确定各自的份额。一般来说，根据双方的出资额确定较为公平公正。

在上面的案例中，沙女士与哥哥是兄妹，具有家庭关系，在没有约定共有方式的情况下，应当认定两人对房屋为共同共有。

沙女士可以和哥哥按照双方对房屋的出资额比例，来确定哥哥应当给她的补偿款。需要注意的是，应当按照当时的市场价而不是按照购买房屋时的购房价，对房屋进行折价。

第六章

农村土地权益

为预防妇女的土地权益受到侵犯，本章依据《土地管理法》《农村土地承包法》《民法典》等相关的法律规定，介绍在保障妇女土地权益方面常见的纠纷案例，指引妇女依法维护自己的土地权益。

103. 外嫁后尚未取得新的承包地，原来的承包地能被收回吗？

现实困惑

车女士是某村的村民，在该村有二亩承包地。结婚后，她的户口迁移到邻村丈夫家，但并未取得新的承包地。请问，车女士结婚前的承包地能被收回吗？

法律依据

《农村土地承包法》

第三十一条　承包期内，妇女结婚，在新居住地未取得承包地的，发包方不得收回其原承包地；妇女离婚或者丧偶，仍在原居住地生活或者不在原居住地生活但在新居住地未取得承包地的，发包方不得收回其原承包地。

依法答疑

在农村土地承包方面，女性与男性享有平等的权利。但是，在实际生活中，妇女的土地承包权有时会落实不到位，而上述法律规定则可以解决这一问题。根据我国的风俗习惯，妇女结婚后，多数情况下会在男方的户口所在地落户。如果妇女在结婚前有承包地，户口迁移后很可能会导致原本的土地承包权无法得到保障。妇女在新居住地取得承包地之前，原本的承包地不得收回，否则将违反法律的规定。

在上面的案例中，车女士虽然在结婚后将户口迁移到邻村，但并未获得新的承包地，因此，她在结婚前的承包地不应被收回。

104. 丈夫去世后妻子进城打工，其原来承包的土地会被收回吗？

现实困惑

翁女士与丈夫结婚后户口落在丈夫所在村，并长期在该村生活。在两人的孩子刚满10岁这年，她的丈夫不幸得病去世。为了能够更好地抚养孩子，翁女士决定外出打工，并将原本与丈夫共同承包的耕地托付给父亲照料。请问，翁女士进城打工后，其承包的耕地会被收回吗？

法律依据

《农村土地承包法》

第三十一条 承包期内，妇女结婚，在新居住地未取得承包地的，发包方不得收回其原承包地；妇女离婚或者丧偶，仍在原居住地生活或者不在原居住地生活但在新居住地未取得承包地的，发包方不得收回其原承包地。

第五十七条　发包方有下列行为之一的，应当承担停止侵害、排除妨碍、消除危险、返还财产、恢复原状、赔偿损失等民事责任：

……

（七）剥夺、侵害妇女依法享有的土地承包经营权；

……

依法答疑

当妇女因结婚、离婚等原因离开原居住地时，只要其在新居住地没有取得新的承包地，原承包地就不能被收回。

在上面的案例中，翁女士在丈夫去世后进城打工。虽然她离开了居住地，但她承包的耕地仍然在承包期内，任何个人或组织都不能收回其承包地。

妇女享有的土地承包经营权被发包方侵害后，妇女可以追究发包方的民事责任。如果翁女士承包的土地被违法收回，她可以通过诉讼等方式，要求发包方返还所承包的土地。如果受到其他损失，还有权要求发包方进行赔偿。

105. 妇女有权参与村里荒地的招标吗？

现实困惑

唐女士是某村的村民，听说村里有一片荒地正在招标，便想参与招标，承包该片荒地。但是，村里有人却以参与招标的人数多，她一个女人不要跟着瞎掺和为由，制止了她。请问，唐女士有权参与村里的荒地招标吗？

法律依据

《农村土地承包法》

第三条 ……

农村土地承包采取农村集体经济组织内部的家庭承包方式，不宜采取家庭承包方式的荒山、荒沟、荒丘、荒滩等农村土地，可以采取招标、拍卖、公开协商等方式承包。

第六条 农村土地承包，妇女与男子享有平等的权利。承包中应当保护妇女的合法权益，任何组织和个人不得剥夺、侵害妇女应当享有的土地承包经营权。

依法答疑

农村土地除了可以通过家庭承包的方式进行承包以外，还可以通过招标等方式进行承包。无论是以哪种方式承包，妇女都与男子一样，享有平等的承包权，任何人或组织都不得加以干涉或阻碍。

在上面的案例中，唐女士为该村村民，有权通过招标等方式承包本村的荒地。如果阻止唐女士参与承包，则违反了上述法律的规定。

106. 妇女有权将名字列入土地承包经营权证吗?

现实困惑

巩女士与丈夫共同在本村承包了一片土地，拿到土地承包经营权证书后，她发现证书上只登记了户主也就是丈夫的名字。请问，巩女士是否有权将自己的名字列入土地承包经营权证?

法律依据

《农村土地承包法》

第二十四条 ……

土地承包经营权证或者林权证等证书应当将具有土地承包经营权的全部家庭成员列入。

……

《妇女权益保障法》

第七十五条 妇女在农村集体经济组织成员身份确认等方面权益受到侵害的，可以申请乡镇人民政府等进行协调，或者向人民法院起诉。

乡镇人民政府应当对村民自治章程、村规民约，村民会议、村民代表会议的决定以及其他涉及村民利益事项的决定进行指导，对其中违反法律、法规和国家政策规定，侵害妇女合法权益的内容责令改正；受侵害妇女向农村土地承包仲裁机构申请仲裁或者向人民法院起诉的，农村土地承包仲裁机构或者人民法院应当依法受理。

依法答疑

在我国，农村村民承包土地一般是以家庭为单位的。也就是说，在同一家庭内，无论家庭成员的年龄与性别，均对所承包的土地享有平等的经营权。以家庭为单位承包土地，可以避免土地分配不均的情况，同时也更方便土地的管理。因此，法律规定具有土地承包经营权的全部家庭成员均应当被列入土地承包经营权证。这样规定也是为了能够在农村更好地保障妇女的土地权益。

在上面的案例中，巩女士与丈夫为同一家庭的成员，对他们所承包的土地享有平等的权利，应当在土地承包经营权证书上同时登记巩女士的名字。否则，她可以向乡镇人民政府等要求协调，还可以向农村土地承包仲裁机构申请仲裁，或者向法院起诉。

107. 女儿是否可以继承父亲承包的土地？

现实困惑

小李是独生女，母亲早亡，她的父亲在村内承包了一片耕地，不久前，父亲因病去世，但是该片耕地的承包期限还没有到期。请问，小李是否能继承父亲的土地承包经营权呢？

法律依据

《农村土地承包法》

第十六条　家庭承包的承包方是本集体经济组织的农户。

农户内家庭成员依法平等享有承包土地的各项权益。

第三十二条　承包人应得的承包收益，依照继承法的规定继承。

林地承包的承包人死亡，其继承人可以在承包期内继续承包。

依法答疑

一般来说，在同一家庭内的家庭成员都可以对所承包的土地进行经营。在这种情况下，如果家庭成员中有人死亡，只要家庭仍然存在，其他家庭成员就有权对所承包的土地继续进行经营，并不会涉及继承的问题。如果继承人与被继承人不处于同一家庭内，根据法律的规定，只有承包林地的被继承人死亡时，继承人才可以在承包期内继续承包原本的林地。

在上面的案例中，小李的父亲去世，但所承包耕地尚未到期。如果小李与父亲处于同一家庭关系下，仍然有权继续承包经营原本的耕地。如果小李已经出嫁或者因其他原因迁移户口，就不能继续在剩余的承包期限内承包该片耕地。

108. 可以用承包的土地抵押贷款吗?

现实困惑

卜女士有一片承包地，用来种植农作物。她计划再开办一家小型食品加工厂，但是前期缺乏资金，需要进行周转。请问，卜女士是否能将她承包的土地用于抵押贷款呢?

法律依据

《农村土地承包法》

第四十七条 承包方可以用承包地的土地经营权向金融机构融资担保，并向发包方备案。受让方通过流转取得的土地经营权，经承包方书面同意并向发包方备案，可以向金融机构融资担保。

担保物权自融资担保合同生效时设立。当事人可以向登记机构申请登记；未经登记，不得对抗善意第三人。

实现担保物权时，担保物权人有权就土地经营权优先受偿。

土地经营权融资担保办法由国务院有关部门规定。

依法答疑

土地经营权是指利用土地进行经营，从而获取利益的权利。可以看出，土地经营权具有一定的财产价值，属于财产性权利。根据法律的规定，土地承包人可以将所承包土地的经营权进行融资担保。需要注意的是，土地承包人在进行融资担保时，应当向发包方进行备案。如果土地经营权不是因承包土地取得的，而是因转让等其他方法流转取得的，还应当取得承包方的书面同意。

在上面的案例中，卜女士要用所承包的土地抵押贷款，这是合法的。但是，在进行抵押贷款时，卜女士应当向所承包土地的发包方备案，以避免所承包的土地因抵押而损害发包方的利益。

109. 结婚以后，还可以和丈夫一人享有一处宅基地吗？

现实困惑

文女士与丈夫结婚前，两人各自享有一处宅基地。结婚后，两人的户口迁移到了一起。请问，在这种情况下，文女士还可以和丈夫一人享有一处宅基地吗？

法律依据

《土地管理法》

第六十二条 农村村民一户只能拥有一处宅基地，其宅基地的面积不得超过省、自治区、直辖市规定的标准。

……

依法答疑

我国农村地区地域广袤，而宅基地资源相对来说较为匮乏。为了保障更多的村民有房可住，法律对宅基地的分配作出了一系列限制，主要体现在以下三个方面：第一，宅基地应当以户为单位进行分配；第二，一户只能拥有一处宅基地；第三，每户分配的宅基地面积不得超出当地标准。除此以外，如果村民将其宅基地使用权转让，不能再申请新的宅基地。

在上面的案例中，文女士与丈夫结婚后，两人将户口迁到了一起。这就表示，文女士与丈夫从原来的两户变成了现在的一户。根据法律的规定，一户只能拥有一处宅基地。因此文女士和丈夫是不能像从前一样一人享有一处宅基地的。

110. 移居城里后卖掉了宅基地上的房屋，以后还能再申请新的宅基地吗？

现实困惑

韩女士原本在村中生活，享有一处宅基地，宅基地上建有一套房屋。后来因进城务工，在城里买了房，她便将该宅基地上的房屋转卖给他人。韩女士计划在退休后，就将城里的房子留给子女，自己则继续回村里再申请一块宅基地盖房居住。请问，韩女士回村里以后，还能再申请新的宅基地吗？

法律依据

《土地管理法》

第六十二条　……

农村村民出卖、出租、赠与住宅后，再申请宅基地的，不予批准。

……

依法答疑

根据法律的规定，一户只能拥有一处宅基地，这是为了保障更多的村民能够拥有宅基地，避免宅基地资源被少数人掌握。如果村民将宅基地上所建房屋出卖给他人，表示房屋下的宅基地使用权同时转让给他人。宅基地使用权一旦转让，原本的使用权人想再申请宅基地，就无法得到法律的支持。

在上面的案例中，宅基地使用权是韩女士主动转让的，应当承担相应的不利后果。即使她仍然是本村的村民，也无法再申请新的宅基地。

111. 宅基地遭到损坏，还能申请新的吗？

现实困惑

石女士一家原本在村中有一处宅基地，并在宅基地上建造了一幢漂亮的二层小楼。一次地震过后，不仅她们的自建房倒塌，宅基地也遭到了破坏，无法再继续使用。请问，石女士一家是否还能申请新的宅基地呢？

法律依据

《民法典》

第三百六十四条 宅基地因自然灾害等原因灭失的，宅基地使用权消灭。对失去宅基地的村民，应当依法重新分配宅基地。

依法答疑

如果宅基地遭到破坏、灭失，无法再继续使用的，表示宅基地在客观上已经无法实现其原本的用途，附着在宅基地上的宅基地使用权也自然消灭。根据法律的规定，如果宅基地是因自然灾害等原因灭失的，那么丧失宅基地使用权的村民仍然可以申请新的宅基地。这是因为自然灾害属于不可抗力，无法预料也无法避免。村民在这种情况下失去宅基地，如果不为其分配新的宅基地，会导致其居住权利无法得到保障，违背了宅基地制度设立的初衷。

在上面的案例中，石女士家中的宅基地因地震遭到了破坏，无法再继续使用。地震属于自然灾害的一种，根据法律的规定，石女士一家可以提出申请，请求再为他们分配一处宅基地。

112. 将宅基地使用权转让给他人，是否需要经过登记？

现实困惑

齐女士因急需资金，将宅基地使用权转让给同村的村民。请问，转让宅基地使用权是否需要经过登记才能生效？

法律依据

《民法典》

第三百六十五条 已经登记的宅基地使用权转让或者消灭

的，应当及时办理变更登记或者注销登记。

依法答疑

宅基地属于农村的集体财产，本集体成员依法享有宅基地使用权。分配宅基地时，为了更好地保障村民权利，避免因程序烦琐造成村民的宅基地权利不好落实，并不要求宅基地使用权经过登记才能生效。但是，如果宅基地使用权已经经过登记，那么其在转让或消灭时，应当及时办理相关登记手续，对未经过登记的宅基地使用权则无此要求。

在上面的案例中，齐女士想将其宅基地使用权转让给同村村民。如果齐女士在取得宅基地使用权时并未经过登记，那么可以直接转让。如果她在取得宅基地使用权时进行了登记，就需要前往不动产登记机关进行变更登记。

113.擅自改变所承包耕地的用途，可能会承担什么法律责任?

现实困惑

荀女士承包了一片耕地，但收成一直不好。于是，她擅在耕地上建起了厂房，计划开办一间工厂。请问，荀女士可能会承担什么样的法律责任?

法律依据

《农村土地承包法》

第六十三条　承包方、土地经营权人违法将承包地用于非农建设的，由县级以上地方人民政府有关主管部门依法予以处罚。

承包方给承包地造成永久性损害的，发包方有权制止，并有权要求赔偿由此造成的损失。

第六十四条　土地经营权人擅自改变土地的农业用途、弃耕抛荒连续两年以上、给土地造成严重损害或者严重破坏土地生态环境，承包方在合理期限内不解除土地经营权流转合同的，发包方有权要求终止土地经营权流转合同。土地经营权人对土地和土地生态环境造成的损害应当予以赔偿。

依法答疑

随着城市化进程的推进，我国的耕地、林地、草地等农业用地资源越来越稀缺。对于现有的农业用地资源，不能随意改变其用途，这样才能保障我国的农业发展。改变农业用地的用途不仅包括在农业用地上从事非农业活动，还包括将林地随意变更为耕地等行为。如果土地承包人违反法律的规定，擅自更改其所承包土地的用途，很可能会承担一系列的法律责任，包括发包方解除合同、对损害结果进行赔偿、接受政府处罚等。

在上面的案例中，荀女士擅自在耕地上建设工厂，改变了耕地的农业用途，这样的行为是违法的。发包方在了解相关情况后，有权与荀女士解除土地承包合同。如果荀女士建设工厂的行为给土地或生态环境造成破坏，还需要承担赔偿责任。同时，她还需要接受县级以上地方人民政府有关主管部门所作出的处罚。

第七章

消费购物权益

为维护广大女性朋友日常的消费权益，本章依据《消费者权益保护法》《食品安全法》《民法典》等相关的法律规定，帮助女性依法化解在日常消费购物领域常遇到的维权纠纷。

114. 商家强制女顾客购买因其试穿而变形的高跟鞋，违法了吗？

现实困惑

詹女士在商场试穿样品高跟鞋时，售货员以她试穿后把鞋踩变形，影响销售为由，坚决要求她付款购买。詹女士则说这是强买强卖，双方发生争执，周围顾客则议论纷纷。请问，商场能强制詹女士购买商品吗？

法律依据

《消费者权益保护法》

第十条　消费者享有公平交易的权利。

消费者在购买商品或者接受服务时，有权获得质量保障、价格合理、计量正确等公平交易条件，有权拒绝经营者的强制交易行为。

第十六条　……

经营者向消费者提供商品或者服务，应当恪守社会公德，诚信经营，保障消费者的合法权益；不得设定不公平、不合理的交易条件，不得强制交易。

第三十二条　各级人民政府工商行政管理部门和其他有关行政部门应当依照法律、法规的规定，在各自的职责范围内，采取措施，保护消费者的合法权益。

有关行政部门应当听取消费者和消费者协会等组织对经营者交易行为、商品和服务质量问题的意见，及时调查处理。

依法答疑

消费者在交易中有权决定是否消费，商家不得加以强迫，更不能设定各种不合理的条件变相强迫消费者消费。

在上面的案例中，商场提供样品高跟鞋供消费者试穿，是为了让消费者能够更加清楚地了解该款鞋是否适合自己。在销售过程中，样鞋产生一定的变形、脏污是不可避免的，是商场本身需要承担的风险。詹女士在试鞋后鞋子发生变形，这一结果并不是詹女士的故意导致的。因此，该商场不能强制詹女士购买，否则詹女士有权运用法律维护自己的权利。

115. 试用美容仪不满意，退回时需要支付使用费吗？

现实困惑

于女士在商场参加了某款美容仪的七天试用活动。三天后，因对该款美容仪不太满意，于女士便将其退回商家。此时，商家提出要她支付这期间使用美容仪的费用。请问，该商家的做法是否合理？

法律依据

《民法典》

第六百三十八条　试用买卖的买受人在试用期内可以购买标的物，也可以拒绝购买。试用期限届满，买受人对是否购买标的物未作表示的，视为购买。

试用买卖的买受人在试用期内已经支付部分价款或者对标的物实施出卖、出租、设立担保物权等行为的，视为同意购买。

第六百三十九条　试用买卖的当事人对标的物使用费没有约定或者约定不明确的，出卖人无权请求买受人支付。

依法答疑

在试用买卖的情况下，当事人之间应当事先对商品的使用费进行约定。商家作为出卖人，往往是制定试用规则的一方，应当提前将试用买卖的具体情况，例如试用期限、是否支付使用费等问题提前向消费者说明。如果商家没有说明或者说明并不明确，消费者就无须向商家支付使用费。

在上面的案例中，于女士在参与美容仪试用活动时，商家并没有任何关于使用费的说明，这表示于女士对收取使用费一事并不知情。而于女士在试用美容仪后拒绝购买，这是她的正当权利，商家不能在事后要求于女士支付使用费。

116. 超市怀疑顾客偷拿东西，能要求检查携带的物品吗？

现实困惑

小葛逛完超市，结账后通过安检门时警报声响起。超市因此认定她偷拿了超市的商品，这让小葛觉得莫名其妙。小葛提出报警，但超市以会影响其他顾客购物为由，要求让小葛自己打开书包，并翻看她的衣服口袋进行查看。请问，超市的这种行为是否合法？

法律依据

《消费者权益保护法》

第二十七条 经营者不得对消费者进行侮辱、诽谤，不得搜查消费者的身体及其携带的物品，不得侵犯消费者的人身自由。

第三十九条 消费者和经营者发生消费者权益争议的，可以通过下列途径解决：

（一）与经营者协商和解；

（二）请求消费者协会或者依法成立的其他调解组织调解；

（三）向有关行政部门投诉；

（四）根据与经营者达成的仲裁协议提请仲裁机构仲裁；

（五）向人民法院提起诉讼。

《民法典》

第一千零一十一条　以非法拘禁等方式剥夺、限制他人的行动自由，或者非法搜查他人身体的，受害人有权依法请求行为人承担民事责任。

依法答疑

消费者的身体权和人格尊严受到法律保护，商家不得以任何理由加以侵害。即使商家怀疑消费者存在偷盗行为，也并不具有执法权，而是应当采取合法手段解决问题。

在上面的案例中，超市可以要求小葛出示所购买的商品以及小票，来验证她是否已经支付了所有商品的价款，或采取调取监控、报警等方式，确认小葛究竟是否偷了东西。如果超市非法对小葛进行搜查，双方协商不能达成和解，则小葛有权要求超市承担民事责任。

117. 网店商家因消费者给差评而对其进行电话骚扰，是否构成侵权？

现实困惑

辛女士出差期间在网上购买了一件衣服，收到货后认为质量与商家描述不符，但由于超出了七天无理由退货时间，退货申请又被商家拒绝，便给出了差评。此后，商家一直以各种手机号给辛女士拨打骚扰电话，严重影响了她的正常生活。请问，商家是否构成侵权？

法律依据

《消费者权益保护法》

第十四条 消费者在购买、使用商品和接受服务时，享有人格尊严、民族风俗习惯得到尊重的权利，享有个人信息依法得到保护的权利。

《民法典》

第一千零三十四条 自然人的个人信息受法律保护。

个人信息是以电子或者其他方式记录的能够单独或者与其他信息结合识别特定自然人的各种信息，包括自然人的姓名、出生日期、身份证件号码、生物识别信息、住址、电话号码、电子邮箱、健康信息、行踪信息等。

……

《治安管理处罚法》

第四十二条 有下列行为之一的，处五日以下拘留或者五百元以下罚款；情节较重的，处五日以上十日以下拘留，可以并处五百元以下罚款：

……

（五）多次发送淫秽、侮辱、恐吓或者其他信息，干扰他人正常生活的；

……

依法答疑

消费者在网上购物时，电话、住址等个人信息难以避免地会被商家掌握。商家应当依法妥善处理消费者的个人信息，不能通过个人信息对消费者进行骚扰。

在上面的案例中，辛女士因在网络上给出差评就被商家电话骚扰，辛女士可以先向平台举报，要求平台出面制止该商家的违法行为，并对该商家作出处罚。如果商家依然屡教不改，辛女士还可以报警，由公安机关对该商家作出治安管理处罚。辛女士如果因商家的骚扰遭受了损害，还有权通过诉讼等方式要求该商家承担相应的赔偿责任。

118. 使用“减肥腰带”后遭受损害，谁来担责？

现实困惑

舒女士被某电视购物节目上的“减肥腰带”广告所吸引，便拨打节目电话购买了一款。该腰带的特点是以高频率的震动代替运动，从而消耗腰腹部的脂肪。舒女士按照说明使用一段时间后，发现自己总是腰酸背痛。前往医院检查后，被医生告知她的肌肉已经受到了严重的损伤。请问，舒女士受到的损害应当由谁来承担责任？

法律依据

《消费者权益保护法》

第四十条 消费者在购买、使用商品时，其合法权益受到损害的，可以向销售者要求赔偿。销售者赔偿后，属于生产者的责任或者属于向销售者提供商品的其他销售者的责任的，销售者有权向生产者或者其他销售者追偿。

消费者或者其他受害人因商品缺陷造成人身、财产损害的，可以向销售者要求赔偿，也可以向生产者要求赔偿。属于生产者责任的，销售者赔偿后，有权向生产者追偿。属于销售者责任的，生产者赔偿后，有权向销售者追偿。

消费者在接受服务时，其合法权益受到损害的，可以向服务者要求赔偿。

依法答疑

在大多数情况下，商品的经营者与生产者并非同一人，商品的质量问题、使用问题也大概率与经营者无关。但是，出于消费者维权便利性的考虑，要求经营者直接对消费者承担责任。

在上面的案例中，舒女士可以要求销售者赔偿，也可以要求生产者赔偿。当然，她找作为销售者的电视购物平台可能更方便一些。当电视购物平台对舒女士进行赔偿后，如果能够证实损伤是因该产品本身存在缺陷或质量问题导致的，可以向厂家进行追偿。

119. 折价处理的化妆品出现质量问题，是否应退换?

现实困惑

包女士在逛商场时购买了一款因临近保质期而折价处理的面霜。回家打开包装后，她发现该款面霜已经被污染变质，无法使用。包女士要求该商场换货，但该商场表示这是折价商品，售出后不退不换。请问，该商场的做法是否合法?

法律依据

《消费者权益保护法》

第二十三条　经营者应当保证在正常使用商品或者接受服务的情况下其提供的商品或者服务应当具有的质量、性能、用途和有效期限；但消费者在购买该商品或者接受该服务前已经知道其存在瑕疵，且存在该瑕疵不违反法律强制性规定的除外。

……

第二十四条　经营者提供的商品或者服务不符合质量要求的，消费者可以依照国家规定、当事人约定退货，或者要求经营者履行更换、修理等义务。没有国家规定和当事人约定的，消费者可以自收到商品之日起七日内退货；七日后符合法定解除合同条件的，消费者可以及时退货，不符合法定解除合同条件的，可以要求经营者履行更换、修理等义务。

依照前款规定进行退货、更换、修理的，经营者应当承担运输等必要费用。

依法答疑

对于所出售的商品，经营者有义务保证其符合质量要求。如果经营者对有瑕疵的商品进行打折、降价处理，应当在出售时对消费者作出说明。并且，该瑕疵不能影响商品的正常使用。如果商品存在质量问题，即使该商品为特价商品，消费者也有权要求经营者承担相应的售后责任。

在上面的案例中，虽然包女士购买的化妆品临近保质期，但只要仍然在保质期内，商家就有义务保证该化妆品的质量。包女士有权要求该商场对化妆品进行更换，或直接要求退款。商场关于“折价商品售出后不退不换”的主张是违法的。

120. 就餐时被店内其他顾客骚扰打伤，店家需要赔偿吗?

现实困惑

小郝在外吃饭时，邻桌醉酒的顾客见她年轻漂亮又独自一人，便过来对她进行语言骚扰。见小郝严词拒绝，对方恼羞成怒，在酒精作用下出手将其打伤后逃之夭夭。当时，因害怕醉汉气势汹汹的架势，在场的人都并没有出面制止。请问，店家需要赔偿小郝的医疗费吗？

法律依据

《消费者权益保护法》

第十八条 ……

宾馆、商场、餐馆、银行、机场、车站、港口、影剧院等经营场所的经营者，应当对消费者尽到安全保障义务。

《民法典》

第一千一百九十八条 ……

因第三人的行为造成他人损害的，由第三人承担侵权责任；经营者、管理者或者组织者未尽到安全保障义务的，承担相应的补充责任。经营者、管理者或者组织者承担补充责任后，可以向第三人追偿。

依法答疑

从法律规定可以看出，经营场所的经营者负有保障本区域内消费者安全的义务。即使消费者所遭受的伤害是第三人造成的，只要经营者没有尽到安全保障义务，就应当对消费者承担责任。

在上面的案例中，虽然给小郝造成伤害的是其他顾客，但店家作为经营者，应当在纠纷发生时及时出面制止，如果无法或无力阻止，也应该及时报警，尽可能保障小郝的安全。该店家没有出面制止，未尽到应尽的义务，需要承担相应的补充责任。对于此事，小郝可以先报警，通过警方找到殴打她的顾客，要求其进行赔偿。如果无法找到该顾客或赔偿不到位，小郝还可以要求店家进行一定的赔偿。

121.饭店张贴“谢绝自带酒水”的告示是否有法律效力？

现实困惑

小岳与两个闺蜜一同前往某饭店吃饭，并自带了饮料。服务员发现后，表示饭店门口已经张贴“本店谢绝自带酒水”的告示，她们应当购买店里的饮料。三人觉得这样的告示不合理，与服务员发生争执。请问，该饭店的告示是否具有法律效力？

法律依据

《消费者权益保护法》

第二十六条 经营者在经营活动中使用格式条款的，应当以显著方式提请消费者注意商品或者服务的数量和质量、价款或者费用、履行期限和方式、安全注意事项和风险警示、售后服务、民事责任等与消费者有重大利害关系的内容，并按照消费者的要求予以说明。

经营者不得以格式条款、通知、声明、店堂告示等方式，作出排除或者限制消费者权利、减轻或者免除经营者责任、加重消费者责任等对消费者不公平、不合理的规定，不得利用格式条款并借助技术手段强制交易。

格式条款、通知、声明、店堂告示等含有前款所列内容的，其内容无效。

依法答疑

格式条款是经营者预先制定，而消费者只能选择接受或拒绝的条款。因格式条款的性质与特点，很容易发生不公平、不平等的现象，从而损害消费者的权益。经营者在制定格式条款时，需要尊重消费者公平交易、自由选择的权利，不能通过格式条款排除或者限制消费者行使权利，否则该格式条款将归于无效。

在上面的案例中，该饭店张贴告示，禁止顾客自带酒水。顾客选择从饭店或者其他商店购买酒水是其自由。该饭店限制顾客自带酒水的告示限制了顾客的消费者权利，不具备法律效力。

122. 网购的吸奶器出现质量问题，却发现店铺关闭了，该找谁负责？

现实困惑

处于哺乳期的康女士在某网店购买了一款吸奶器。使用一周后，康女士发现该吸奶器存在质量问题。她想找网店退货，却发现该网店已经关闭，无法找到商家。请问，康女士可以找谁负责？

法律依据

《消费者权益保护法》

第四十四条 消费者通过网络交易平台购买商品或者接受服务，其合法权益受到损害的，可以向销售者或者服务者要求赔偿。网络交易平台提供者不能提供销售者或者服务者的真实名称、地址和有效联系方式的，消费者也可以向网络交易平台提供者要求赔偿；网络交易平台提供者作出更有利于消费者的承诺的，应当履行承诺。网络交易平台提供者赔偿后，有权向销售者或者服务者追偿。

……

依法答疑

如今网上购物因方便、快捷等优点，被广大消费者所选择。然而，在众多网络商家中，难免会出现参差不齐的现象。同时，部分网络商家没有实体店，随时都可能会因经营成本等问题关闭。在这种情况下，如果消费者所购买的商品出现质量问题，网络商家却倒闭了，消费者就无法维护自己的权益。为了解决这一问题，法律为网络交易平台提供者规定了一系列义务。

在上面的案例中，康女士可以联系网络购物平台的客服，要求其提供商家信息。如果网络购物平台无法提供该商家的信息，康女士也可以直接要求网络购物平台进行退款。

123. 超市不允许顾客挑选打折的水果，这合法吗？

现实困惑

周女士到某超市购买水果时，发现刚上市的苹果正打折促销，便挑选了一些装了一袋，但超市工作人员却以特价商品不能挑选为由，拒绝称重。双方发生争执。请问，该超市的做法是否合法？

法律依据

《消费者权益保护法》

第九条 消费者享有自主选择商品或者服务的权利。

消费者有权自主选择提供商品或者服务的经营者，自主选择商品品种或者服务方式，自主决定购买或者不购买任何一种商品、接受或者不接受任何一项服务。

消费者在自主选择商品或者服务时，有权进行比较、鉴别和挑选。

依法答疑

消费者在进行消费时，是有自主选择权的。这种自主选择权主要体现在以下几个方面：第一，消费者有权选择是否消费；第二，消费者有权选择进行何种消费；第三，消费者有权选择在哪个商家消费；第四，消费者在进行消费时，有权对商品和服务进行挑选。经营者在销售商品时，应当尊重消费者的自主选择权。对于散称商品，应当允许消费者进行挑选后再购买，避免消费者遭受损失。

在上面的案例中，从客观上讲，在顾客挑选后，确实可能出现剩余商品不好卖的问题，但超市应当在销售前就考虑到此类损耗，这也是超市需要承担的一部分成本。超市还可以将商品提前挑选好，确保没有质量问题后包装进行出售，而不能阻止顾客对散称的商品进行挑选。

124. 在美容院使用积分兑换的洗脸仪存在质量问题，美容院是否需要负责？

现实困惑

霍女士经常到附近的某家美容院进行皮肤护理，并办理了会员卡。因为消费多，卡里积累了不少积分。年末，该美容院为了酬宾，推出了会员卡积分兑换活动，霍女士用积分兑换了一个洗脸仪。然而刚用了一周，洗脸仪就不工作了。请问，霍女士能要求该美容院退换吗？

法律依据

《消费者权益保护法》

第二十三条　经营者应当保证在正常使用商品或者接受服务的情况下其提供的商品或者服务应当具有的质量、性能、用途和有效期限；但消费者在购买该商品或者接受该服务前已经知道其存在瑕疵，且存在该瑕疵不违反法律强制性规定的除外。

……

第二十四条　经营者提供的商品或者服务不符合质量要求的，消费者可以依照国家规定、当事人约定退货，或者要求经营者履行更换、修理等义务。没有国家规定和当事人约定的，消费者可以自收到商品之日起七日内退货；七日后符合法定解除合同条件的，消费者可以及时退货，不符合法定解除合同条件的，可以要求经营者履行更换、修理等义务。

依照前款规定进行退货、更换、修理的，经营者应当承担运输等必要费用。

依法答疑

对于经营者来说，有义务保证其所提供的商品符合质量要求。如果商品不符合质量要求，经营者应当向消费者承担相应的售后服务，并且不得收取费用。而对于积分兑换的商品来说，虽然消费者在获取商品时没有付钱，但是积分是通过消费者从前的消费行为积累的。从实质上讲，积分兑换的商品依然是消费者通过消费才获取的商品，与其他商品并无区别。

在上面的案例中，美容院对积分兑换的美容仪也应当承担退换货、维修的义务。霍女士有权要求美容院为她更换一个质量符合要求的洗脸仪，也有权将该洗脸仪退给美容院，并要求其退还相应的积分。

125. 饭店提供未经过消毒处理的餐具，会受到怎样处罚?

现实困惑

朱女士与朋友在某饭店吃饭时，发现该饭店提供的餐具都随便放在架子上，由顾客自己取用。朱女士便向服务员询问餐具是否经过了消毒。服务员表示，目前餐厅尚未设置消毒柜，不具备消毒的能力，但餐具均已经过认真清洗。如果顾客不放心，可以使用一次性餐具，但是需要另收费。这引发了朱女士的不满。请问，餐厅使用未经消毒的餐具会受到怎样的处罚？

法律依据

《食品安全法》

第五十六条　……

餐饮服务提供者应当按照要求对餐具、饮具进行清洗消毒，不得使用未经清洗消毒的餐具、饮具；餐饮服务提供者委托清洗消毒餐具、饮具的，应当委托符合本法规定条件的餐具、饮具集中消毒服务单位。

第一百二十六条　违反本法规定，有下列情形之一的，由县级以上人民政府食品安全监督管理部门责令改正，给予警告；拒不改正的，处五千元以上五万元以下罚款；情节严重的，责令停产停业，直至吊销许可证：

……

（五）餐具、饮具和盛放直接入口食品的容器，使用前未经洗净、消毒或者清洗消毒不合格，或者餐饮服务设施、设备未按规定定期维护、清洗、校验；

……

依法答疑

对于外出就餐的顾客来说，很少有人自带餐具，往往都会使用餐厅、饭店已经准备好的餐具。而重复使用的餐具很可能会导致不同顾客之间的疾病、细菌等交叉感染的问题。正因如此，餐饮服务提供者应当格外注意餐具、饮具的清洗和消毒。如果餐饮服务提供者未按照法律要求为餐具、饮具消毒，则可能承担警告、罚款、责令停产停业、吊销许可证等法律后果。

在上面的案例中，该饭店即使已经对餐具进行了认真清洗，也还是需要进行消毒处理。因此，朱女士可以向当地的市场监督管理局举报，以责令该饭店进行整改。

126. 购买的进口奶粉包装上没有中文标签，有权举报吗？

现实困惑

穆女士在网上购买了几桶进口奶粉。收到货后，她发现奶粉包装上都是不认识的外语，没有中文标签，导致她看不懂该奶粉的成分、营养构成以及冲调配比等。请问，进口食品包装上没有中文标签，可以举报吗？

法律依据

《食品安全法》

第九十七条　进口的预包装食品、食品添加剂应当有中文标签；依法应当有说明书的，还应当有中文说明书。标签、说明书应当符合本法以及我国其他有关法律、行政法规的规定和食品安全国家标准的要求，并载明食品的原产地以及境内代理商的名称、地址、联系方式。预包装食品没有中文标签、中文说明书或者标签、说明书不符合本条规定的，不得进口。

依法答疑

所谓预包装食品，就是生产完成后，预先包装在定量的容器中的食品。对于预包装食品来说，肉眼很难完全辨认出其原材料和营养成分，因此商家需要在包装上注明相关信息。而考虑到不同国家语言不同，预包装食品在进口时，应当有中文标签，帮助消费者辨别该食品的原材料、营养成分等。如果预包装食品没有中文标签，是不能进口并销售的。

在上面的案例中，穆女士在网上所购买的进口奶粉属于预包装食品的一种。根据法律的规定，该奶粉应当在外包装上张贴中文标签。穆女士有权要求商家退货，同时可以向当地的市场监督管理部门举报。

127. 称婴儿奶粉能完全替代母乳，可能会承担怎样的法律责任？

现实困惑

秦女士想为孩子购买一些奶粉，在网上购物平台进行挑选时，她发现某商家的宣传语中称所售奶粉能完全替代母乳，提供婴儿需要的所有营养物质。她听信广告宣传，购买后只给孩子喂此奶粉，没有增加其他辅食，结果造成孩子营养不良。请问，该商家如此宣传，可能会承担什么法律责任？

法律依据

《广告法》

第二十条 禁止在大众传播媒介或者公共场所发布声称全部或者部分替代母乳的婴儿乳制品、饮料和其他食品广告。

第五十七条 有下列行为之一的，由市场监督管理部门责令停止发布广告，对广告主处二十万元以上一百万元以下的罚款，情节严重的，并可以吊销营业执照，由广告审查机关撤销广告审查批准文件、一年内不受理其广告审查申请；对广告经营者、广告发布者，由市场监督管理部门没收广告费用，处二十万元以上一百万元以下的罚款，情节严重的，并可以吊销营业执照、吊销广告发布登记证件：

……

（三）违反本法第二十条规定，发布声称全部或者部分替代母乳的婴儿乳制品、饮料和其他食品广告的；

……

依法答疑

对于婴儿来说，母乳对其成长的作用是其他奶制品完全无法替代的。为了督促商家实事求是地对商品进行宣传，也为了避免对消费者产生误导，法律规定在婴儿乳制品广告中，不得出现可全部或部分替代母乳的内容。如果商家作出了此类宣传，则可能面临市场监督管理部门的罚款、吊销营业执照等法律责任。

在上面的案例中，该商家宣传其售卖的奶粉可完全替代母乳的做法违反了法律的规定，秦女士作为消费者，有权向当地的市场监督管理部门举报，要求该商家承担违法宣传的法律责任。

第八章

医疗卫生权益

本章依托《妇女权益保障法》《民法典》《母婴保健法》等法律规定，帮助大家学习女性医疗卫生权益保护方面的法律知识。

128. 私分免费医疗筛查的名额，侵犯了妇女的什么权利?

现实困惑

某市为保障妇女权益，对本市符合条件的妇女进行免费医疗筛查。某医院在取得名额后，将部分名额私分给了本院工作人员的家属。请问，该医院的行为侵犯了妇女的什么权利?

法律依据

《妇女权益保障法》

第三十条　国家建立健全妇女健康服务体系，保障妇女享有基本医疗卫生服务，开展妇女常见病、多发病的预防、筛查和诊疗，提高妇女健康水平。

国家采取必要措施，开展经期、孕期、产期、哺乳期和更年期的健康知识普及、卫生保健和疾病防治，保障妇女特殊生理时期的健康需求，为有需要的妇女提供心理健康服务支持。

依法答疑

妇女享有基本医疗卫生服务，主要体现在两个方面：第一，国家应当采取必要措施、建立健全相关体系，以完善妇女享有基本医疗卫生服务的条件，确保妇女能够接受相关医疗卫生服务。第二，任何组织或个人都不能侵犯妇女的这项权利，否则需要承担相应的法律后果。

在上面的案例中，某市开展的免费医疗筛查活动是为了保障本市妇女的基本权益，各个医院在取得名额后应当按照规定对符合条件的妇女进行免费医疗筛查。该医院将名额进行私分，违反了法律的规定，侵犯了其他符合条件的妇女享受基本医疗卫生服务的权利。

129. 单位为女职工安排的体检项目中不包含妇科检查，是否合法？

现实困惑

小董入职某单位后，得知该单位除了对员工有基本福利保障之外，每年还会组织全体员工进行体检。但是，女性职工的体检项目中不包含妇科检查。请问，该单位的做法符合法律规定吗？

法律依据

《妇女权益保障法》

第三十一条　县级以上地方人民政府应当设立妇幼保健机构，为妇女提供保健以及常见病防治服务。

国家鼓励和支持社会力量通过依法捐赠、资助或者提供志愿服务等方式，参与妇女卫生健康事业，提供安全的生理健康用品或者服务，满足妇女多样化、差异化的健康需求。

用人单位应当定期为女职工安排妇科疾病、乳腺疾病检查以及妇女特殊需要的其他健康检查。

依法答疑

妇女由于生理构造特殊，有时会患有妇科疾病、乳腺疾病等，尤其是某些从事高（低）温作业、高空作业、化工作业等的妇女，罹患疾病的概率可能更大。为了确保妇女在工作中的身体健康，法律规定用人单位应当定期为女职工安排妇科疾病、乳腺疾病检查以及妇女特殊需要的其他健康检查。

在上面的案例中，该单位在定期为员工组织体检时，应当为女职工安排专门的妇科检查、乳腺检查等，这是用人单位应当为女职工履行的法定义务。

130. 妻子坚持“丁克”，是否侵犯了丈夫的生育权？

现实困惑

小林是坚定的“丁克族”，不打算生孩子，结婚前就向丈夫表达了自己的意愿，丈夫也表示接受。婚后，丈夫观念改变，多次提出想要个孩子，都被小林拒绝了。于是，丈夫提出离婚，并且以小林侵害了他的生育权为由，要求离婚损害赔偿。请问，丈夫的主张能得到法律支持吗？

法律依据

《妇女权益保障法》

第三十二条 妇女依法享有生育子女的权利，也有不生育子女的自由。

《民法典》

第一千零九十一条 有下列情形之一，导致离婚的，无过错方有权请求损害赔偿：

（一）重婚；

（二）与他人同居；

（三）实施家庭暴力；

（四）虐待、遗弃家庭成员；

（五）有其他重大过错。

《最高人民法院关于适用〈中华人民共和国民法典〉婚姻家庭编的解释（一）》

第二十三条 夫以妻擅自中止妊娠侵犯其生育权为由请求损害赔偿的，人民法院不予支持；夫妻双方因是否生育发生纠纷，致使感情确已破裂，一方请求离婚的，人民法院经调解无效，应依照民法典第一千零七十九条第三款第五项的规定处理。

依法答疑

在婚姻关系中，虽然夫妻双方都享有生育权，但只能由女性来完成生育子女的过程。因此，究竟是否生育子女、生育几名子女，都应当尊重女方的意愿。根据法律的规定也可以看出，女方不生育子女并不属于可以请求离婚损害赔偿的事由。如果丈夫认为妻子侵害了其生育权，有权提出离婚，但并不能因此提出离婚损害赔偿。

在上面的案例中，小林有权决定自己是否生育子女，丈夫不能对她加以强迫。在双方无法就子女问题达成合意的情况下，丈夫可以提出离婚，但是他要求离婚损害赔偿的主张无法得到法律的支持。

131.为什么说做婚前医学检查可以避免婚后纠纷?

现实困惑

小屠计划与相恋两年的男友结婚，打算去医院进行婚前医学检查。但男友表示，两人认识了这么多年，互相知根知底，婚前医学检查没有太大必要，纯属浪费时间。请问，婚前医学检查是必须做的吗?

法律依据

《母婴保健法》

第八条 婚前医学检查包括对下列疾病的检查：

（一）严重遗传性疾病；

（二）指定传染病；

（三）有关精神病。

经婚前医学检查，医疗保健机构应当出具婚前医学检查证明。

第九条 经婚前医学检查，对患指定传染病在传染期内或者有关精神病在发病期内的，医师应当提出医学意见；准备结婚的男女双方应当暂缓结婚。

第十条 经婚前医学检查，对诊断患医学上认为不宜生育的严重遗传性疾病的，医师应当向男女双方说明情况，提出医学意见；经男女双方同意，采取长效避孕措施或者施行结扎手术后不生育的，可以结婚。但《中华人民共和国婚姻法》规定禁止结婚的除外。

依法答疑

婚前医学检查，是指对准备结婚的男女双方可能患影响结婚和生育的疾病进行医学检查。在我国的法律规定中，并没有对备婚男女进行婚前医学检查的强制性规定。也就是说，男女双方在准备结婚前，可以在自愿的基础上，根据需要进行婚前医学检查。但是，为了更好地保障自己的权利，也为了对自己和伴侣负责，男女双方在结婚前最好前往医疗机构进行婚前医学检查。一方面，是为了确保男女双方没有不适宜结婚的疾病；另一方面，是为了避免婚后因一方隐瞒疾病而导致纠纷。

在上面的案例中，小屠可以与男友进行沟通，双方在协商一致的基础上，前往医疗机构进行婚前医学检查。这样可以让彼此更加放心，也能让婚后的生活更加和谐。

132. 怀孕的时候检查孩子性别违法吗？

现实困惑

阮女士认为一定要有儿子才算有了后。在连生两个女儿后，阮女士心心念念想生个儿子，于是想悄悄去私立医院检查胎儿的性别，如果还是女孩儿就打掉。请问，阮女士的做法是否合法？

法律依据

《母婴保健法》

第三十二条　……

严禁采用技术手段对胎儿进行性别鉴定，但医学上确有需要的除外。

第三十七条 从事母婴保健工作的人员违反本法规定，出具有关虚假医学证明或者进行胎儿性别鉴定的，由医疗保健机构或者卫生行政部门根据情节给予行政处分；情节严重的，依法取消执业资格。

依法答疑

由于我国幅员辽阔，各地区发展不平衡，有些地区还存在重男轻女的封建思想。在这种思想的影响下，一些人会选择优先生儿子，这样会导致我国男女比例失衡，不利于社会的稳定和发展。因此，我国法律中严禁对胎儿进行性别鉴定。如有违反，进行性别鉴定的人员将承担相应的法律责任。

在上面的案例中，阮女士因为喜欢男孩，便想通过鉴定性别决定胎儿的去留，违反了法律的规定，也违背了社会的善良风俗。

133. 产妇生产时要求打无痛针，而家属不同意，该听谁的意见？

现实困惑

黄女士在生产过程中，因疼痛难忍，要求医生打无痛针。但是，黄女士的家属却认为无痛针是麻药，对孩子不好，表示不同意。请问，此时医生应当听取谁的意见？

法律依据

《妇女权益保障法》

第二十一条 妇女的生命权、身体权、健康权不受侵犯。禁止虐待、遗弃、残害、买卖以及其他侵害女性生命健康权益的行为。

禁止进行非医学需要的胎儿性别鉴定和选择性别的人工终止妊娠。

医疗机构施行生育手术、特殊检查或者特殊治疗时，应当征得妇女本人同意；在妇女与其家属或者关系人意见不一致时，应当尊重妇女本人意愿。

依法答疑

在对妇女实施生育手术、特殊检查或特殊治疗时，妇女是直接承受者，应当首先照顾其本人的感受，这样才能体现出对妇女权益的保障。依据法律规定，如果本人与家属意见相左，医院应当尊重女性本人的意愿。

在上面的案例中，黄女士要求通过打无痛针减缓自己生育过程中的痛苦，于情于法，医生都应当尊重她的意愿。

第九章

反家庭暴力

国家禁止任何形式的家庭暴力。女性要勇敢地对家庭暴力说“不”！本章依托《反家庭暴力法》《最高人民法院关于办理人身安全保护令案件适用法律若干问题的规定》等规定，帮助大家了解家庭暴力所涉及的法律知识，依法指引女性如何对家庭暴力进行维权和救济。

134. 丈夫经常对妻子进行谩骂恐吓，是否属于家庭暴力?

现实困惑

钱女士结婚后不久，丈夫只要有不顺心的事情，就辱骂她，有时酒后还举刀恐吓，扬言钱女士如果敢离婚就把她和她的家人都砍死。长此以往，丈夫虽然没有真正动过手，但依然给钱女士的精神造成了很大伤害。请问，钱女士丈夫的行为是否属于家庭暴力?

法律依据

《反家庭暴力法》

第二条　本法所称家庭暴力，是指家庭成员之间以殴打、捆绑、残害、限制人身自由以及经常性谩骂、恐吓等方式实施的身体、精神等侵害行为。

《最高人民法院关于办理人身安全保护令案件适用法律若干问题的规定》

第三条　家庭成员之间以冻饿或者经常性侮辱、诽谤、威胁、跟踪、骚扰等方式实施的身体或者精神侵害行为，应当认定为反家庭暴力法第二条规定的“家庭暴力”。

依法答疑

家庭暴力行为往往发生在家庭成员之间，并且具有长期性的特点。家庭暴力也并不是单纯指肢体上的暴力，其他一切侵害家庭成员身体、精神健康的行为都可能属于家庭暴力的范畴。

对于夫妻偶然吵架动手的行为，虽然涉及肢体冲突，但并不是单方面的，也不具备长期性和持续性的特征，因此并不属于家庭暴力的范畴。比如，夫妻双方性格都比较火爆，谈恋爱时就经常闹脾气，结婚后更是因为一点小事就能吵起来，在日常生活中，偶有发生口角或程度较为轻微的推搡、拍打等行为，不属于家庭暴力。

在上面的案例中，钱女士的丈夫虽没有实施肢体上的暴力行为，但长期对她进行辱骂和恐吓，给她的精神造成了严重的损害。这种行为虽然与传统观念中的家庭暴力不同，但本质上都损害了女性的健康，破坏了家庭成员之间的信任，违反了法律的规定，属于家庭暴力。钱女士有权因此提出离婚，并向丈夫要求离婚损害赔偿。

135. 遭遇家庭暴力，该如何向外界求助?

现实困惑

邵女士与丈夫结婚后，才发现丈夫的暴力倾向十分严重，经常对她拳脚相向。邵女士曾将这事告诉家人，丈夫知道后，对她实施了更严重的暴力，并以家人的安全威胁她。请问，邵女士该如何向他人求助?

法律依据

《反家庭暴力法》

第十三条　家庭暴力受害人及其法定代理人、近亲属可以向加害人或者受害人所在单位、居民委员会、村民委员会、妇女联合会等单位投诉、反映或者求助。有关单位接到家庭暴力投诉、反映或者求助后，应当给予帮助、处理。

家庭暴力受害人及其法定代理人、近亲属也可以向公安机关报案或者依法向人民法院起诉。

单位、个人发现正在发生的家庭暴力行为，有权及时劝阻。

依法答疑

从法律规定可以看出，当妇女遭受家庭暴力时，可以向多方进行求助。在某些情况下，遭受家庭暴力的妇女可能还面临人身控制等极端情况，在这种情况下，近亲属同样有权向外界求助，以避免其遭受更大的伤害。

当遭受家庭暴力后，如果有条件，受害人应当及时进行报警。一方面可以由公安机关出面制止家庭暴力行为；另一方面出警记录也可以作为受害人遭受家庭暴力的证据，在日后的维权过程中发挥重要作用。如果妇联等组织发现有妇女遭受家庭暴力，应当及时对家庭暴力行为进行劝阻，以保障受家暴妇女的权利。

在上面的案例中，邵女士可以通过以下方式寻求外界帮助：第一，直接报警；第二，向当地的村委会、居委会、妇联等单位求助；第三，向工作单位求助；第四，向丈夫的工作单位求助。上述单位接到邵女士的求助信息后，应当立即采取措施防止家庭暴力行为继续发生，同时帮助邵女士进行维权。当然，邵女士的家人在得知其遭受家庭暴力后，也可以通过以上途径帮她进行求助。

136. 家庭暴力行为会触犯刑法吗？

现实困惑

凌女士常年遭受丈夫的家庭暴力，身上经常伤痕累累。其中最严重的一次导致她手臂骨折，必须住院进行治疗。请问，家暴行为是否会受到刑法的制裁？

法律依据

《反家庭暴力法》

第三十三条　加害人实施家庭暴力，构成违反治安管理行为的，依法给予治安管理处罚；构成犯罪的，依法追究刑事责任。

《刑法》

第二百三十四条　故意伤害他人身体的，处三年以下有期徒刑、拘役或者管制。

犯前款罪，致人重伤的，处三年以上十年以下有期徒刑；致人死亡或者以特别残忍手段致人重伤造成严重残疾的，处十年以上有期徒刑、无期徒刑或者死刑。本法另有规定的，依照规定。

第二百六十条　虐待家庭成员，情节恶劣的，处二年以下有期徒刑、拘役或者管制。

犯前款罪，致使被害人重伤、死亡的，处二年以上七年以下有期徒刑。

第一款罪，告诉的才处理，但被害人没有能力告诉，或者因受到强制、威吓无法告诉的除外。

依法答疑

从法律规定可以看出，当家庭暴力行为达到一定的程度，给受害人造成严重的身体伤害时，可能会构成的刑事犯罪主要有两个：一个是故意伤害罪，另一个是虐待罪。

遭受家庭暴力后，受害人可以向警方求助，由公安机关对案件事实进行侦查，从而判断实施家暴的一方是否涉嫌构成犯罪。

在上面的案例中，凌女士的丈夫很可能已经构成了犯罪，凌女士可以报警求助，也可以向法院提起刑事自诉，要求丈夫承担刑事责任。

137. 丈夫实施家暴被出具“告诫书”，对妻子有怎样的保护作用?

现实困惑

梁女士的丈夫有酗酒的毛病，每次喝完酒都会跟梁女士动手，梁女士的精神也备受折磨。在某次丈夫酗酒不仅砸坏了房门还对她动手时，梁女士终于忍无可忍，拨打了报警电话。警察对施暴的丈夫进行了批评教育，并出具了告诫书。请问，什么是告诫书？对女性有怎样的保护作用？

法律依据

《反家庭暴力法》

第十六条 家庭暴力情节较轻，依法不给予治安管理处罚的，由公安机关对加害人给予批评教育或者出具告诫书。

告诫书应当包括加害人的身份信息、家庭暴力的事实陈述、禁止加害人实施家庭暴力等内容。

第十七条　公安机关应当将告诫书送交加害人、受害人，并通知居民委员会、村民委员会。

居民委员会、村民委员会、公安派出所应当对收到告诫书的加害人、受害人进行查访，监督加害人不再实施家庭暴力。

依法答疑

从法律规定可以看出，告诫书是公安机关出具的，针对的是那些情节较轻、依法不给予治安管理处罚的家庭暴力行为，目的是对加害人加以警告，使其认识到自己行为的错误，并避免其再度实施家庭暴力。当告诫书作出后，为了最大程度发挥其作用，公安机关还应当通知加害人与受害人所在地的村委会或居委会，由其对加害人进行监督。

在上面的案例中，警察在对梁女士的丈夫出具告诫书后，应当将告诫书送交梁女士及丈夫，同时通知村委会或居委会对梁女士丈夫进行后续监督，以避免梁女士再遭受家庭暴力。

138. 遭受家庭暴力又没钱起诉离婚，怎样寻求帮助？

现实困惑

白某与丈夫经人介绍相识一年后结婚。婚后，白某发现丈夫到处找人借钱，还多次因为外债与她发生争吵，并不时对她实施家暴。听说白某要向法院起诉离婚，丈夫不仅不给她钱，使她连用于起诉的钱都拿不出，还拿走了她的身份证，请问，白某可以向谁寻求帮助？

法律依据

《反家庭暴力法》

第十九条 法律援助机构应当依法为家庭暴力受害人提供法律援助。

人民法院应当依法对家庭暴力受害人缓收、减收或者免收诉讼费用。

第二十二条 工会、共产主义青年团、妇女联合会、残疾人联合会、居民委员会、村民委员会等应当对实施家庭暴力的加害人进行法治教育，必要时可以对加害人、受害人进行心理辅导。

依法答疑

家庭暴力的形式多种多样，受害人在面临身体以及精神上伤害的同时，有时还会被限制人身自由和经济自由。为了能够更好地维护家庭暴力受害人的权益，法律作出了一系列规定来拓宽受害人的维权渠道，避免其因为囊中羞涩而无法维权。

在上面的案例中，白某可以通过以下方式起诉：第一，向当地的法律援助机构寻求帮助，法律援助机构提供法律援助服务是免费的，还可以提供她所需要的法律咨询。第二，在提起诉讼时，白某可以向法院提交自己遭受家暴的相关证据，法院将根据她的情况采取缓收或减免诉讼费的相关措施。第三，白某可以向当地妇联组织寻求帮助，妇联组织会为受侵害的妇女儿童提供帮助。

139. 遭遇家暴，如何申请人身安全保护令？

现实困惑

左女士常年遭受丈夫的家庭暴力，并因此向法院提起了离婚诉讼。在诉讼期间，丈夫依然多次骚扰她，并对她进行恐吓，要求她撤诉。请问，左女士能向法院申请人身安全保护令吗？又该怎样申请呢？

法律依据

《反家庭暴力法》

第二十三条　当事人因遭受家庭暴力或者面临家庭暴力的现实危险，向人民法院申请人身安全保护令的，人民法院应当受理。

当事人是无民事行为能力人、限制民事行为能力人，或者因受到强制、威吓等原因无法申请人身安全保护令的，其近亲属、公安机关、妇女联合会、居民委员会、村民委员会、救助管理机构可以代为申请。

第二十四条 申请人身安全保护令应当以书面方式提出；书面申请确有困难的，可以口头申请，由人民法院记入笔录。

第二十五条 人身安全保护令案件由申请人或者被申请人居住地、家庭暴力发生地的基层人民法院管辖。

《最高人民法院关于办理人身安全保护令案件适用法律若干问题的规定》

第一条 当事人因遭受家庭暴力或者面临家庭暴力的现实危险，依照反家庭暴力法向人民法院申请人身安全保护令的，人民法院应当受理。

向人民法院申请人身安全保护令，不以提起离婚等民事诉讼为条件。

第二条 当事人因年老、残疾、重病等原因无法申请人身安全保护令，其近亲属、公安机关、民政部门、妇女联合会、居民委员会、村民委员会、残疾人联合会、依法设立的老年人组织、救助管理机构等，根据当事人意愿，依照反家庭暴力法第二十三条规定代为申请的，人民法院应当依法受理。

依法答疑

人身安全保护令是为了保护受害人远离正在遭受的家庭暴力或者家庭暴力的现实危险，只要受害人能向法院提交相关证据，无论是否正在提起离婚诉讼，都不影响其向法院申请人身安全保护令。

家庭暴力的受害人在申请人身安全保护令时，需要注意以下问题：第一，只有当遭受家庭暴力或者面临家庭暴力的现实危险时，才能申请人身安全保护令。如果夫妻双方只是因为生活琐事发生轻微纠纷，是不能向法院提出申请的。第二，如果受害人不具备完全民事行为能力，例如精神智力方面存在缺陷，或者人身自由遭受限制，其他法定主体也可以代替其申请人身安全保护令。第三,一般来说，人身安全保护令申请应当以书面形式提出，该申请要提交到有管辖权的法院，这是申请人身安全保护令的程序要求。

在上面的案例中，左女士在离婚诉讼过程中遭受丈夫的骚扰、恐吓，可以向法院申请人身安全保护令。当人身安全保护令作出后，会同时送达申请人、被申请人、公安机关以及居民委员会、村民委员会等有关组织，相关组织会对人身安全保护令的执行予以协助。

140. 向法院申请人身安全保护令需要提交哪些证据?

现实困惑

白女士因长期遭受丈夫家暴，想要向法院申请人身安全保护令来寻求保护。但是，她不知道在提出申请时该向法院提交什么证据。请问，向法院申请人身安全保护令需要提交哪些证据呢?

法律依据

《最高人民法院关于办理人身安全保护令案件适用法律若干问题的规定》

第六条 人身安全保护令案件中，人民法院根据相关证据，认为申请人遭受家庭暴力或者面临家庭暴力现实危险的事实存在较大可能性的，可以依法作出人身安全保护令。

前款所称“相关证据”包括：

（一）当事人的陈述；

（二）公安机关出具的家庭暴力告诫书、行政处罚决定书；

（三）公安机关的出警记录、讯问笔录、询问笔录、接警记录、报警回执等；

（四）被申请人曾出具的悔过书或者保证书等；

（五）记录家庭暴力发生或者解决过程等的视听资料；

（六）被申请人与申请人或者其近亲属之间的电话录音、短信、即时通讯信息、电子邮件等；

（七）医疗机构的诊疗记录；

（八）申请人或者被申请人所在单位、民政部门、居民委员会、村民委员会、妇女联合会、残疾人联合会、未成年人保护组织、依法设立的老年人组织、救助管理机构、反家暴社会公益机构等单位收到投诉、反映或者求助的记录；

（九）未成年子女提供的与其年龄、智力相适应的证言或者亲友、邻居等其他证人证言；

（十）伤情鉴定意见；

（十一）其他能够证明申请人遭受家庭暴力或者面临家庭暴力现实危险的证据。

依法答疑

家庭暴力的受害人在向法院申请人身安全保护令时，应当向法院提交其遭受家庭暴力或面临家庭暴力的现实危险的相关证据。如果受害人所提交的证据不能证明相关事实存在的，其申请很可能会不被法院支持。法律所规定的证据种类对申请人身安全保护令的受害人起指导作用，并不代表其中所有证据都必须提交。只要受害人所提交的证据足以证明相关事实，就可以得到法院的支持。

在上面的案例中，白女士要向法院申请人身安全保护令，可以参照法律规定，将其掌握的证据向法院提交。如果出于客观原因，白女士无法自行收集证据，可以向法院申请调查收集。

141. 人身安全保护令应在申请后多久作出？

现实困惑

靳女士因家庭暴力与丈夫分居、要求离婚。丈夫一直对她纠缠不放，有时还会到她租住的房屋外蹲点，扬言不会让她好过。靳女士很担心自己会受到伤害，便向法院申请了人身安全保护令。请问，人身安全保护令要多久才能作出？

法律依据

《反家庭暴力法》

第二十六条 人身安全保护令由人民法院以裁定形式作出。

第二十七条 作出人身安全保护令，应当具备下列条件：

（一）有明确的被申请人；

（二）有具体的请求；

（三）有遭受家庭暴力或者面临家庭暴力现实危险的情形。

第二十八条 人民法院受理申请后，应当在七十二小时内作出人身安全保护令或者驳回申请；情况紧急的，应当在二十四小时内作出。

依法答疑

从法律规定可知，法院在受理人身安全保护令的申请后，经过审查，如果满足相关条件，最晚应当在72小时内作出人身安全保护令。存在紧急情况时，应当在24小时内作出。

在上面的案例中，靳女士向法院申请人身安全保护令时，如果存在紧急情况，即她的人身安全在可能受到来自丈夫的紧迫威胁时，可以将相关情况向法院进行说明，以使法院尽快作出人身安全保护令的裁定。

142. 人身安全保护令如何保障受害人权益?

现实困惑

任女士因丈夫家暴，在离婚诉讼期间，为了防止丈夫的进一步骚扰，她向法院申请了人身安全保护令。请问，人身安全保护令如何保障家暴受害人的权益呢?

法律依据

《反家庭暴力法》

第二十九条 人身安全保护令可以包括下列措施:

(一)禁止被申请人实施家庭暴力;

(二)禁止被申请人骚扰、跟踪、接触申请人及其相关近亲属;

(三)责令被申请人迁出申请人住所;

(四)保护申请人人身安全的其他措施。

《最高人民法院关于办理人身安全保护令案件适用法律若干问题的规定》

第十条 反家庭暴力法第二十九条第四项规定的“保护申请人人身安全的其他措施”可以包括下列措施:

(一)禁止被申请人以电话、短信、即时通讯工具、电子邮件等方式侮辱、诽谤、威胁申请人及其相关近亲属；

（二）禁止被申请人在申请人及其相关近亲属的住所、学校、工作单位等经常出入场所的一定范围内从事可能影响申请人及其相关近亲属正常生活、学习、工作的活动。

依法答疑

从法律规定可以看出，人身安全保护令通过隔离加害人和受害人的方法，达到保护受害人人身安全的目的。当人身安全保护令作出后，应当及时送达申请人、被申请人、公安机关以及居民委员会、村民委员会等有关组织。执行人身安全保护令的主体为人民法院，公安机关以及居民委员会、村民委员会等应当协助执行。

在上面的案例中，任女士向法院申请人身安全保护令后，法院可以根据她的具体情况，采取相应的保护措施，以保障她的人身安全。任女士的丈夫违反人身安全保护令，如果触犯刑法，则可能构成犯罪。如果不构成犯罪，法院应当对其进行训诫，还可以作出罚款、拘留等处罚措施。

143. 担心人身安全保护令到期后仍面临家暴威胁，能申请延长吗？

现实困惑

季女士因家庭暴力向法院申请了人身安全保护令。她担心保护令期限一到，丈夫针对她的家庭暴力又会开始。请问，人身安全保护令到期后是否可以延长呢？

法律依据

《反家庭暴力法》

第三十条　人身安全保护令的有效期不超过六个月，自作出之日起生效。人身安全保护令失效前，人民法院可以根据申请人的申请撤销、变更或者延长。

依法答疑

从法律规定可以看出，人身安全保护令是有期限限制的，最长不得超过六个月。如果在人身安全保护令失效前，被申请人的危害行为并没有终止，申请人还可以向法院提交延长期限的申请。法院在查明申请人面临的现实危险后，将作出延长人身安全保护令期限的决定。除此之外，如果申请人面临的现实危险提前消失，人身安全保护令也可以撤销或变更。

在上面的案例中，季女士申请人身安全保护令后，可以受到六个月的保护。如果人身安全保护令失效前，季女士仍面临危险，可以向法院提交证据，申请延长人身安全保护令的期限。

144. 因被实施家庭暴力离婚，可以多分财产并要求赔偿吗？

现实困惑

曹女士与丈夫婚前缺乏了解，草率结婚。婚后丈夫经常把“我要杀了你”“杀你全家”等话当作口头语恐吓曹女士，使她长期生活在极大的精神恐惧之下。不仅如此，其丈夫还经常在醉酒后对她实施家庭暴力。某日丈夫又在酒后因孩子教育问题与曹女士发生争执，并将她殴打致轻伤。曹女士向法院提起了离婚诉讼。请问，曹女士能否向法院请求多分财产并要求丈夫进行赔偿呢？

法律依据

《民法典》

第一千零八十七条 离婚时，夫妻的共同财产由双方协议处理；协议不成的，由人民法院根据财产的具体情况，按照照顾子女、女方和无过错方权益的原则判决。

……

第一千零九十一条　有下列情形之一，导致离婚的，无过错方有权请求损害赔偿：

（一）重婚；

（二）与他人同居；

（三）实施家庭暴力；

（四）虐待、遗弃家庭成员；

（五）有其他重大过错。

《最高人民法院关于适用〈中华人民共和国民法典〉婚姻家庭编的解释（一）》

第八十六条　民法典第一千零九十一条规定的“损害赔偿”，包括物质损害赔偿和精神损害赔偿。涉及精神损害赔偿的，适用《最高人民法院关于确定民事侵权精神损害赔偿责任若干问题的解释》的有关规定。

依法答疑

家庭成员与其他人相比，关系本应当更加亲密，而家庭暴力破坏了这种亲密关系，无疑会给受害者造成更为严重的心理伤害。夫妻之间因家庭暴力离婚的，为了弥补受害人所遭受的身心损害，受害人不仅能要求多分夫妻共同财产，还有权要求另一方进行离婚损害赔偿。

在上面的案例中，曹女士因丈夫的家庭暴力行为提起离婚诉讼，可以主张多分夫妻共同财产，并要求丈夫作出离婚损害赔偿。而法院也会考虑实际情况，作出照顾曹女士这一无过错方的公正判决。

第十章

涉刑事纠纷

在刑事犯罪中，不乏妇女作为犯罪对象的罪名。本章依托《刑法》等法律规定，帮您了解涉刑事案件女性维权的法律知识。

145. 受歹徒威胁与其发生性关系，事后怎样维权？

现实困惑

盛女士在下晚班回家的路上，被一名持刀歹徒威胁，要求她与其发生性关系。盛女士担心对方伤害自己性命，没有反抗。请问，该歹徒对盛女士实施的行为是否属于强奸？事后盛女士应该报警吗？

法律依据

《刑法》

第二百三十六条　以暴力、胁迫或者其他手段强奸妇女的，处三年以上十年以下有期徒刑。

……

依法答疑

根据法律规定可以看出，强奸罪的定义是违背妇女意志，以暴力、胁迫或者其他手段强行与妇女发生性关系。要确认一个行为是否构成强奸罪，作为受害者的妇女是否反抗并不是必备条件。在歹徒的暴力胁迫下，妇女很可能会不能反抗或者不敢反抗，甚至可能存在主动配合的行为。但这并不能代表妇女自愿与歹徒发生性行为，而是要看歹徒的胁迫行为是否足够对妇女产生压制，使其不敢反抗或不能反抗。

在上面的案例中，盛女士被歹徒威胁发生性关系时，虽然没有做出反抗，但歹徒在威胁盛女士时持有凶器，此时如果激怒歹徒，盛女士的生命安全很可能受到侵害。因此，她没有反抗是因为歹徒的暴力胁迫行为使她不敢反抗，并不会影响歹徒构成强奸罪。事发后，盛女士应当尽快报警，配合警方展开调查，将歹徒绳之以法。

146. 未成年女生自愿与网恋男友发生性关系，男友构成强奸罪吗？

现实困惑

可可是一名13周岁的初中女生，情窦初开的她在网上交了一个男朋友。恋爱几个月后，男方提出见面。可可与对方见面以后，发现对方是一名大学生。在对方的甜言蜜语下，可可自愿与他发生了性关系。请问，可可的男朋友是否构成强奸罪？

法律依据

《刑法》

第二百三十六条 ……

奸淫不满十四周岁的幼女的，以强奸论，从重处罚。

……

依法答疑

一般来说，成立强奸罪需要违背妇女意志，强行与其发生性关系。但是，对于14周岁以下的幼女来说，无论其本人是否出于自愿，与其发生性关系都属于强奸罪。这是因为14周岁以下的幼女思想发育尚未成熟，不能清晰地认识到性自由的含义，更不具备做出性同意的能力，很可能会因为他人的引诱、教唆做出悔恨终生的事。

在上面的案例中，可可只有13周岁，在男朋友的甜言蜜语下与他发生了性关系。可可的男朋友构成强奸罪。

147. 被人造谣，如何让造谣的人承担法律责任？

现实困惑

邢女士因工作晋升与同事王某之间发生了矛盾。为了报复邢女士，王某匿名在单位群中造谣她是因为和领导“睡觉”才会获得晋升机会的。这一谣言导致邢女士被单位开除，丈夫也与她离婚了。请问，邢女士如何让王某承担法律责任？

法律依据

《刑法》

第二百四十六条 以暴力或者其他方法公然侮辱他人或者捏造事实诽谤他人，情节严重的，处三年以下有期徒刑、拘役、管制或者剥夺政治权利。

前款罪，告诉的才处理，但是严重危害社会秩序和国家利益的除外。

通过信息网络实施第一款规定的行为，被害人向人民法院告诉，但提供证据确有困难的，人民法院可以要求公安机关提供协助。

依法答疑

根据法律规定可以看出，诽谤、造谣等行为不仅会侵犯他人的名誉权等民事权利，还可能构成犯罪，需要承担刑事处罚。但是，诽谤罪与其他罪不同，一般情况下是亲告罪。也就是说，受害人必须亲自到法院提起诉讼，才可能追究行为人的刑事责任。如果受害人本人因故无法亲自提起诉讼，其法定代理人、近亲属也可以代为提起诉讼。当事人提起诉讼以后，如果难以收集证据，可以申请法院提供帮助。

在上面的案例中，王某因私人恩怨，对邢女士进行诽谤，严重影响了她的正常工作和生活。对此，邢女士有权向法院提起诉讼，要求追究王某的刑事责任。如果邢女士难以获取王某造谣的证据，可以向法院申请，由法院要求公安机关提供协助。

148. 将生下的孩子遗弃，属于犯罪吗？

现实困惑

小韩与丈夫都比较年轻。孩子出生后，医生告知孩子患有先天性疾病，需要高额治疗费用。小韩夫妻因无力承担医疗费，便将孩子遗弃在医院。请问，小韩夫妻的行为是否属于犯罪？

法律依据

《刑法》

第二百六十一条　对于年老、年幼、患病或者其他没有独立生活能力的人，负有扶养义务而拒绝扶养，情节恶劣的，处五年以下有期徒刑、拘役或者管制。

《最高人民法院、最高人民检察院、公安部、司法部关于依法办理家庭暴力犯罪案件的意见》

17. ……

依法惩处遗弃犯罪。负有扶养义务且有扶养能力的人，拒绝扶养年幼、年老、患病或者其他没有独立生活能力的家庭成员，是危害严重的遗弃性质的家庭暴力。根据司法实践，具有对被害人长期不予照顾、不提供生活来源；驱赶、逼迫被害人离家，致使被害人流离失所或者生存困难；遗弃患严重疾病或者生活不能自理的被害人；遗弃致使被害人身体严重损害或者造成其他严重后果等情形，属于刑法第二百六十一条规定的遗弃“情节恶劣”，应当依法以遗弃罪定罪处罚。

……

依法答疑

无论子女的身体是否健康，父母对子女都负有抚养义务。如果不履行此义务，将子女遗弃，很可能构成遗弃罪，承担刑事责任。根据法律的规定，遗弃患有严重疾病或者生活不能自理的子女，属于情节恶劣的范畴，应当以遗弃罪定罪处罚。

在上面的案例中，小韩夫妻将患有先天性疾病的孩子遗弃在医院的行为是十分恶劣的。依据法律规定，如果二人后续依然不想继续抚养孩子，就需要承担刑事责任。

149. 婚闹的人强行猥亵伴娘，构成犯罪吗？

现实困惑

小项应自己闺蜜的邀请，在婚礼上给她当伴娘。婚礼当天几名宾客见小项长得漂亮，便以想要婚礼热闹就得闹伴娘为由，在公共场合对她强行搂抱并抚摸她的隐私部位。请问，婚闹的人构成犯罪吗？

法律依据

《刑法》

第二百三十七条　以暴力、胁迫或者其他方法强制猥亵他人或者侮辱妇女的，处五年以下有期徒刑或者拘役。

聚众或者在公共场所当众犯前款罪的，或者有其他恶劣情节的，处五年以上有期徒刑。

……

依法答疑

根据法律规定，强制猥亵罪的定义是以暴力、胁迫或其他方法，违背他人的意志，强行对他人实施猥亵，侵害他人性自由与人格尊严的犯罪。其中，如果强制猥亵行为发生在公共场合，或者几人聚众实施猥亵的，属于强制猥亵罪中的加重情节，可能会被法院判处更重的刑罚。

在上面的案例中，几名宾客无视小项的意愿，强行抚摸她的隐私部位，这已经不是单纯的性骚扰，而是猥亵，应当构成犯罪。并且，几名宾客实施猥亵行为的地点是在他人的婚礼上，属于公众场合，符合加重情节的要件。小项可以报警，让这几名宾客接受法律的制裁。

150. 在大街上被精神病人猥亵，如何维权？

现实困惑

席女士与朋友一起逛街时，突然被一个男子从身后扑倒。此人强行脱掉席女士的衣服，对她进行猥亵。周围人见状连忙制止，并将其扭送到派出所。事后经过调查，该男子为精神病患者。请问，席女士该如何维权？

法律依据

《刑法》

第十八条 精神病人在不能辨认或者不能控制自己行为的时候造成危害结果，经法定程序鉴定确认的，不负刑事责任，但是应当责令他的家属或者监护人严加看管和医疗；在必要的时候，由政府强制医疗。

间歇性的精神病人在精神正常的时候犯罪，应当负刑事责任。

尚未完全丧失辨认或者控制自己行为能力的精神病人犯罪的，应当负刑事责任，但是可以从轻或者减轻处罚。

……

依法答疑

对于精神病人是否需要负刑事责任的问题，需要从其精神疾病的严重程度，以及其所实施犯罪行为时是否完全丧失辨认和控制能力等角度进行综合考虑。精神病人实施犯罪行为，应当对其进行司法鉴定，判断其在犯罪时的精神状态。虽然精神病人在发病时不负刑事责任，但应当责令其家属或监护人对其进行严加看管，必要时进行强制医疗，避免其再次实施犯罪行为。同时，其家属或监护人应当对受害人或受害人家属承担民事上的赔偿责任。

在上面的案例中，席女士被一男子猥亵。根据《刑法》的规定，该男子的行为应当构成强制猥亵罪。如果经司法鉴定后，确认该男子在猥亵席女士时正处于精神病发作状态，无法辨认和控制自己的行为，那么席女士在此事件中受到的损害，可以要求该男子的家属或者监护人承担相应的赔偿责任。

151. 遭遇歹徒强奸，反抗时将对方误伤致死，构成犯罪吗？

现实困惑

某天晚上，歹徒将独自在路上行走的程女士拖到路边的花丛中欲实施强奸。程女士在反抗中将歹徒携带的匕首打落，她抢过匕首将歹徒刺伤，事后歹徒不治身亡。请问，程女士在反抗时将歹徒误伤致死，她的行为构成犯罪吗？

法律依据

《刑法》

第二十条 为了使国家、公共利益、本人或者他人的人身、财产和其他权利免受正在进行的不法侵害，而采取的制止不法侵害的行为，对不法侵害人造成损害的，属于正当防卫，不负刑事责任。

正当防卫明显超过必要限度造成重大损害的，应当负刑事责任，但是应当减轻或者免除处罚。

对正在进行行凶、杀人、抢劫、强奸、绑架以及其他严重危及人身安全的暴力犯罪，采取防卫行为，造成不法侵害人伤亡的，不属于防卫过当，不负刑事责任。

《最高人民法院、最高人民检察院、公安部关于依法适用正当防卫制度的指导意见》

12.准确认定“明显超过必要限度”。防卫是否“明显超过必要限度”，应当综合不法侵害的性质、手段、强度、危害程度和防卫的时机、手段、强度、损害后果等情节，考虑双方力量对比，立足防卫人防卫时所处情境，结合社会公众的一般认知作出判断。在判断不法侵害的危害程度时，不仅要考虑已经造成的损害，还要考虑造成进一步损害的紧迫危险性和现实可能性。不应当苛求防卫人必须采取与不法侵害基本相当的反击方式和强度。通过综合考量，对于防卫行为与不法侵害相差悬殊、明显过激的，应当认定防卫明显超过必要限度。

13.准确认定“造成重大损害”。“造成重大损害”是指造成不法侵害人重伤、死亡。造成轻伤及以下损害的，不属于重大损害。防卫行为虽然明显超过必要限度但没有造成重大损害的，不应认定为防卫过当。

依法答疑

在认定防卫人制止不法侵害的行为是否属于正当防卫时，需要从防卫的时机、手段、行为人的主观目的、给不法侵害人造成损害的严重程度等多方面进行考虑。如果防卫人的行为超过了必要限度的，就可能构成犯罪。

在上面的案例中，程女士遭遇歹徒强奸，在反抗时将对方误伤后致死。可以看出，程女士的反抗行为发生在她遭受强奸时，伤害行为是出于自卫，符合法律规定的为制止严重危及人身安全的暴力犯罪所实施的防卫行为，不属于防卫过当。因此，程女士不构成犯罪。

152.穿高跟鞋开车导致车辆失控伤人，构成什么犯罪？

现实困惑

宁女士下班后，为了省事没有更换备用鞋，穿着高跟鞋开车时，鞋跟卡住了油门，导致车辆失控，撞伤了多名行人。请问，宁女士的行为构成什么犯罪？

法律依据

《刑法》

第一百三十三条 违反交通运输管理法规，因而发生重大事故，致人重伤、死亡或者使公私财产遭受重大损失的，处三年以下有期徒刑或者拘役；交通运输肇事后逃逸或者有其他特别恶劣情节的，处三年以上七年以下有期徒刑；因逃逸致人死亡的，处七年以上有期徒刑。

《最高人民法院关于审理交通肇事刑事案件具体应用法律若干问题的解释》

第二条 交通肇事具有下列情形之一的，处三年以下有期徒刑或者拘役：

（一）死亡一人或者重伤三人以上，负事故全部或者主要责任的；

（二）死亡三人以上，负事故同等责任的；

（三）造成公共财产或者他人财产直接损失，负事故全部或者主要责任，无能力赔偿数额在三十万元以上的。

……

依法答疑

对于在开车时穿高跟鞋的问题，在我国《道路交通安全法》中并没有明确的规定。但是，许多地方性的条例均将此行为列为违反道路交通安全的行为。例如，《浙江省实施〈中华人民共和国道路交通安全法〉办法》第49条规定："机动车所有人、管理人或者驾驶人不得有下列行为：……（二）赤脚、穿拖鞋或者穿高跟鞋驾驶机动车……"由此可见，在开车时穿高跟鞋，可以被认定为一种妨碍安全驾驶的行为，具有一定的安全隐患。

在上面的案例中，宁女士在开车时穿高跟鞋，导致鞋跟卡住油门车辆失控。可以看出，在车辆失控的问题上，宁女士存在过错。根据法律的规定，如果此次事故中符合法定的构成要件，宁女士就可能构成交通肇事罪，并受到相应的刑事处罚。

153. 对驾驶中的公交司机使用暴力，会受到怎样的处罚？

现实困惑

李老太乘坐公交车时，向司机询问换乘问题，但司机因车内环境嘈杂没有听见。李老太认为司机态度不好，与其发生了争吵。车辆正在行驶中，李老太不仅动手击打司机，甚至还拉扯方向盘。请问，李老太的行为会受到怎样的处罚？

法律依据

《刑法》

第一百三十三条之二 对行驶中的公共交通工具的驾驶人员使用暴力或者抢控驾驶操纵装置，干扰公共交通工具正常行驶，危及公共安全的，处一年以下有期徒刑、拘役或者管制，并处或者单处罚金。

前款规定的驾驶人员在行驶的公共交通工具上擅离职守，与他人互殴或者殴打他人，危及公共安全的，依照前款的规定处罚。

有前两款行为，同时构成其他犯罪的，依照处罚较重的规定定罪处罚。

依法答疑

在认定妨害安全驾驶罪时，需要注意以下几个问题：第一，行为发生的地点应当是行驶中的公共交通工具；第二，构成本罪不需要造成切实的损害结果，只需要对公共安全造成紧迫的危险；第三，除了乘客以外，车上的驾驶人员、售票人员等也可能构成本罪。

在上面的案例中，李老太的行为很可能引起车辆失控，危及公共安全。因此，李老太涉嫌构成妨害安全驾驶罪，需要依法承担刑事责任。

154. 透支信用卡购买奢侈品，要承担什么后果？

现实困惑

安女士由于工资收入不足以支撑她的消费，便办理了多张信用卡，用于购买各种奢侈品，并长期不还。请问，安女士要承担什么法律后果？

法律依据

《刑法》

第一百九十六条　有下列情形之一，进行信用卡诈骗活动，数额较大的，处五年以下有期徒刑或者拘役，并处二万元以上二十万元以下罚金；数额巨大或者有其他严重情节的，处五年以上十年以下有期徒刑，并处五万元以上五十万元以下罚金；数额特别巨大或者有其他特别严重情节的，处十年以上有期徒刑或者无期徒刑，并处五万元以上五十万元以下罚金或者没收财产：

……

（四）恶意透支的。

前款所称恶意透支，是指持卡人以非法占有为目的，超过规定限额或者规定期限透支，并且经发卡银行催收后仍不归还的行为。

……

《最高人民法院、最高人民检察院关于办理妨害信用卡管理刑事案件具体应用法律若干问题的解释》

第八条 恶意透支，数额在五万元以上不满五十万元的，应当认定为刑法第一百九十六条规定的“数额较大”；数额在五十万元以上不满五百万元的，应当认定为刑法第一百九十六条规定的“数额巨大”；数额在五百万元以上的，应当认定为刑法第一百九十六条规定的“数额特别巨大”。

依法答疑

根据法律的规定可知，如果恶意透支信用卡，可能构成信用卡诈骗罪。认定行为人的行为是否属于恶意透支，需要注意以下几个问题：第一，恶意透支的数额应当符合法律规定的最低数额也就是5万元以上；第二，恶意透支应当以非法占有为目的，如果没有非法占有的主观目的，而是由于客观原因无法偿还的，可能会被列为失信被执行人，但不会构成犯罪；第三，经发卡银行催收后，行为人仍未还款。如果行为人在催收后及时偿还信用卡欠款，就不会构成本罪。

在上面的案例中，安女士透支信用卡购买奢侈品。要判断其是否构成信用卡诈骗罪，要从多个方面综合进行考虑：第一，如果是在一开始办理信用卡时，就不打算偿还信用卡，或者虽然大额透支，但是始终没有偿还的意思表示，此时，可以认定安女士存在非法占有的故意；第二，要看透支的金额是否在5万元以上；第三，要看发卡银行是否对其进行过催收。如果催收后，安女士仍然拒绝在合理期限内偿还信用卡欠款，她就可能构成信用卡诈骗罪。

155. 限制女友外出，可能构成什么犯罪？

现实困惑

小宋的男友脾气暴躁，每次与她吵架都会砸东西，甚至还想动手。小宋决定分手，男友得知后将她锁在房间内，并拿走了她的手机和身份证，一个多星期都不让她出门。请问，男友的这种行为可能构成什么犯罪？

法律依据

《刑法》

第二百三十八条　非法拘禁他人或者以其他方法非法剥夺他人人身自由的，处三年以下有期徒刑、拘役、管制或者剥夺政治权利。具有殴打、侮辱情节的，从重处罚。

犯前款罪，致人重伤的，处三年以上十年以下有期徒刑；致人死亡的，处十年以上有期徒刑。使用暴力致人伤残、死亡的，依照本法第二百三十四条、第二百三十二条的规定定罪处罚。

……

依法答疑

非法拘禁罪侵害的是他人的人身自由。非法拘禁的行为方式包括两种：一种是直接对受害人采取捆绑、拘束等行为，使受害人无法自由活动；另一种是将受害人拘禁在一定区域内，使受害人无法自主离开。这两种行为都剥夺了受害人的人身自由，构成非法拘禁罪。

在上面的案例中，男友将小宋关在房间内多日不许出门。可以看出，这种行为虽然发生在情侣之间，但小宋的人身自由被剥夺的事实并没有改变。小宋作为一名有独立意识的成年人，有权自主决定是否外出。男友的行为侵害了她的人身自由，构成非法拘禁罪，应当承担相应的刑事责任。如果在拘禁期间，男友对小宋实施了其他暴力行为，导致她受重伤的，男友则可能构成故意伤害罪。

156. 保姆虐待病弱的老人，构成犯罪吗？

现实困惑

赖女士为患有老年痴呆症的母亲请了一名保姆。不久之后，她发现母亲的身上有很多伤痕，便在家中安装了摄像头。在查看监控时，她发现保姆居然殴打母亲。请问，该保姆的行为构成犯罪吗？

法律依据

《刑法》

第二百六十条之一　对未成年人、老年人、患病的人、残疾人等负有监护、看护职责的人虐待被监护、看护的人，情节恶劣的，处三年以下有期徒刑或者拘役。

……

有第一款行为，同时构成其他犯罪的，依照处罚较重的规定定罪处罚。

依法答疑

对于负有监护、看护职责的人，如保姆、护工等来说，保障被监护、看护人的人身安全是其应当履行的基本义务。如果其不仅不履行义务，还主动对被监护、看护的人实施虐待行为，就可能构成虐待被监护、看护人罪，需要承担刑事责任。

在上面的案例中，赖女士发现保姆对母亲实施了殴打。这种行为由于发生在家庭这种隐蔽的场合内，实质上与家庭成员之间的虐待行为是一样的，性质都比较恶劣。保姆的行为不仅侵害了自己看护的老人的人身权利，更是使人们对整个保姆行业的信任度有所下降，破坏了社会的稳定和谐。赖女士在发现保姆的行为后应当及时报警，并将监控录像作为证据提交给警方，由警方对案件进行立案侦查，以追究保姆的刑事责任。

157. 夫妻吵架从楼上向外扔东西砸伤行人，构成犯罪吗？

现实困惑

温女士与丈夫性格都比较火爆，一次吵架时，两人都在气头上，开始打砸家中的东西，还将两人的婚纱照从十五楼扔了下去。一名路人从楼下经过，被相框砸中受伤。请问，温女士与丈夫的行为构成犯罪吗？

法律依据

《刑法》

第二百九十一条之二 从建筑物或者其他高空抛掷物品，情节严重的，处一年以下有期徒刑、拘役或者管制，并处或者单处罚金。

有前款行为，同时构成其他犯罪的，依照处罚较重的规定定罪处罚。

《最高人民法院关于依法妥善审理高空抛物、坠物案件的意见》

5. 准确认定高空抛物犯罪。对于高空抛物行为，应当根据行为人的动机、抛物场所、抛掷物的情况以及造成的后果等因素，全面考量行为的社会危害程度，准确判断行为性质，正确适用罪名，准确裁量刑罚。

……

依法答疑

高空抛物是一种容易被人忽略但实际上危害较为严重的行为。有些人在日常生活中，可能随手从窗口向外扔东西，并不认为这样的行为会危害他人的安全。因此，必须严格追究行为人的责任，以避免该行为的频繁发生。

高空抛物砸伤他人除了要承担民事赔偿责任以外，情节严重的还可能构成高空抛物罪。对于情节严重程度的判断，可以结合行为人的动机、抛物场所、抛掷物的情况以及造成的后果等因素，进行全面的考虑。

在上面的案例中，温女士与丈夫将婚纱照从高空扔下，导致楼下经过的行人被砸伤。可以看出，两人的高空抛物行为所造成的结果是较为严重的。如果经过法院的审理，认为两人高空抛物的情节严重，那么他们就构成高空抛物罪，应当依法承担刑事责任。

158. 妻子替丈夫收礼，会有怎样的法律后果？

现实困惑

卫女士的丈夫是某单位的副局长，很多人想走后门攀关系，便通过卫女士送钱送物，卫女士瞒着丈夫照单全收。请问，卫女士的行为可能构成什么犯罪？

法律依据

《刑法》

第三百八十八条之一 国家工作人员的近亲属或者其他与该国家工作人员关系密切的人，通过该国家工作人员职务上的行为，或者利用该国家工作人员职权或者地位形成的便利条件，通过其他国家工作人员职务上的行为，为请托人谋取不正当利益，索取请托人财物或者收受请托人财物，数额较大或者有其他较重情节的，处三年以下有期徒刑或者拘役，并处罚金；数额巨大或者有其他严重情节的，处三年以上七年以下有期徒刑，并处罚金；数额特别巨大或者有其他特别严重情节的，处七年以上有期徒刑，并处罚金或者没收财产。

……

《最高人民法院、最高人民检察院关于办理贪污贿赂刑事案件适用法律若干问题的解释》

第十条 刑法第三百八十八条之一规定的利用影响力受贿罪

的定罪量刑适用标准，参照本解释关于受贿罪的规定执行。

……

依法答疑

除了国家工作人员本人以外，其近亲属以及其他关系密切的人同样不得收受他人贿赂，不得利用国家工作人员的职务之便为他人谋取不正当利益，否则可能构成利用影响力受贿罪。这是因为上述人员虽然没有担任公职，但是他们很可能影响国家工作人员履行职务，破坏其职务的廉洁性。

在上面的案例中，卫女士虽然没有担任公职，但她的丈夫是副局长，她收受贿赂的行为很可能会对丈夫履行职务产生影响，从而利用丈夫的职务之便为他人谋取不正当利益。因此，如果卫女士收受贿赂的数额较大，就构成利用影响力受贿罪，应当依法承担刑事责任。

159. 偷拍女性裙底索要钱财，会受到怎样的处罚？

现实困惑

郭某是一名网红，拥有一定的知名度。某次，郭某在参加活动时，被一名路人拍摄了裙底照片。随后，该路人联系郭某，要求她支付5万元，否则就将她的裙底照片公布在网上，让她身败名裂。请问，该路人会受到怎样的处罚？

法律依据

《刑法》

第二百七十四条 敲诈勒索公私财物，数额较大或者多次敲诈勒索的，处三年以下有期徒刑、拘役或者管制，并处或者单处罚金；数额巨大或者有其他严重情节的，处三年以上十年以下有期徒刑，并处罚金；数额特别巨大或者有其他特别严重情节的，处十年以上有期徒刑，并处罚金。

《最高人民法院、最高人民检察院关于办理敲诈勒索刑事案件适用法律若干问题的解释》

第一条 敲诈勒索公私财物价值二千元至五千元以上、三万元至十万元以上、三十万元至五十万元以上的，应当分别认定为刑法第二百七十四条规定的“数额较大”、“数额巨大”、“数额特别巨大”。

各省、自治区、直辖市高级人民法院、人民检察院可以根据本地区经济发展状况和社会治安状况，在前款规定的数额幅度内，共同研究确定本地区执行的具体数额标准，报最高人民法院、最高人民检察院批准。

依法答疑

敲诈勒索是指行为人以威胁、恐吓、要挟等方式，向他人索要钱财的行为。这里的威胁、恐吓、要挟，既可以是口头作出的，也可以是有实际行为的，目的是让受害人产生恐惧、害怕的心理，从而处分其财产。构成敲诈勒索罪要满足一定的立案标准。如果未达到立案标准，行为人可能会受到治安管理处罚。

在上面的案例中，路人拍摄了郭某的隐私照片，并以此要挟钱财，符合敲诈勒索的条件。该路人所勒索的金额为5万元，属于法律规定的“数额巨大”的范畴，应当被判处3年以上10年以下有期徒刑，并处罚金。

160. 将普通茶叶谎称为“丰胸茶”销售获取暴利，属于诈骗吗？

现实困惑

温女士听说美容美体市场可以获取暴利，便特意为自己打造了一个微商的身份，谎称自己出售的是有丰胸效果的茶叶，实际上向客户寄发的只是成本为几块钱的普通茶叶。最终，温女士通过这种做法获利10万元。请问，此行为属于诈骗吗？

法律依据

《刑法》

第二百六十六条　诈骗公私财物，数额较大的，处三年以下有期徒刑、拘役或者管制，并处或者单处罚金；数额巨大或者有其他严重情节的，处三年以上十年以下有期徒刑，并处罚金；数额特别巨大或者有其他特别严重情节的，处十年以上有期徒刑或者无期徒刑，并处罚金或者没收财产。本法另有规定的，依照规定。

《最高人民法院、最高人民检察院关于办理危害食品安全刑事案件适用法律若干问题的解释》

第十九条 违反国家规定，利用广告对保健食品或者其他食品作虚假宣传，符合刑法第二百二十二条规定的，以虚假广告罪定罪处罚；以非法占有为目的，利用销售保健食品或者其他食品诈骗财物，符合刑法第二百六十六条规定的，以诈骗罪定罪处罚。同时构成生产、销售伪劣产品罪等其他犯罪的，依照处罚较重的规定定罪处罚。

《最高人民法院、最高人民检察院关于办理诈骗刑事案件具体应用法律若干问题的解释》

第一条 诈骗公私财物价值三千元至一万元以上、三万元至十万元以上、五十万元以上的，应当分别认定为刑法第二百六十六条规定的“数额较大”、“数额巨大”、“数额特别巨大”。

各省、自治区、直辖市高级人民法院、人民检察院可以结合本地区经济社会发展状况，在前款规定的数额幅度内，共同研究确定本地区执行的具体数额标准，报最高人民法院、最高人民检察院备案。

依法答疑

诈骗罪是指行为人以非法占有为目的，采用欺骗方法，使他人产生认识错误，并处分财产的行为。可以看出，构成诈骗罪的条件主要有三个：第一，主观目的为非法占有他人财产；第二，采用欺骗方法使他人产生认识错误；第三，他人处分财产的行为应当在认识错误的基础上做出。

在上面的案例中，要判断温女士是否构成诈骗罪，主要看其是否存在非法占有他人财产的故意。可以看出，温女士的微商身份以及其出售的产品全是虚假的，其目的就是利用欺诈手法获取暴利，可以认定其存在非法占有他人财产的目的。同时，温女士通过诈骗行为获利10万元，达到了法律所规定的数额巨大的范畴，构成诈骗罪。

第十一章

帮扶救助待遇

对有困难的妇女进行帮扶救助是妇联组织的重点工作内容之一。本章依托《妇女权益保障法》《社会救助暂行办法》等规定，介绍针对困难女性进行帮扶救助的法律与政策知识。

161. 什么样的家庭可以享受低保待遇？

现实困惑

尚女士父亲早逝，母亲年迈且患有老年痴呆症。她的丈夫几年前又因病身亡，并未留下遗产。尚女士需要一人养活母亲和两个孩子，生活十分困难。请问，尚女士的家庭是否可以享受低保待遇？

法律依据

《社会救助暂行办法》

第九条　国家对共同生活的家庭成员人均收入低于当地最低生活保障标准，且符合当地最低生活保障家庭财产状况规定的家庭，给予最低生活保障。

第十条　最低生活保障标准，由省、自治区、直辖市或者设区的市级人民政府按照当地居民生活必需的费用确定、公布，并根据当地经济社会发展水平和物价变动情况适时调整。

最低生活保障家庭收入状况、财产状况的认定办法，由省、自治区、直辖市或者设区的市级人民政府按照国家有关规定制定。

依法答疑

最低生活保障制度，是为那些经济上存在困难，无法维持正常生活的家庭提供生活保障的一项制度。低保待遇所提供的是一种最低限度的生活保障，为的是保障困难人群的基本人权，因此在认定时应当严格遵守法律规定的标准，将有限的资源尽可能地提供给那些真正需要帮助的人。一般来说，认定低保待遇应当以家庭为单位，共同生活的家庭成员人均收入低于当地最低生活保障标准且符合财产状况规定的家庭，才能给予最低生活保障。

在上面的案例中，尚女士家中共有四名家庭成员，但只有她一人有收入。因此她可以准备相关的证明材料，向当地民政部门提出申请。如果尚女士的收入平均到四名家庭成员身上，低于当地最低生活保障标准，且她们一家的财产状况符合当地规定，就可以享受低保待遇。

162. 骗取低保待遇，要承担怎样的法律责任?

现实困惑

赵某无意间听朋友说低保审核并不严格，便信以为真，想通过伪造低收入证明来获取低保待遇。请问，这种行为将会承担怎样的法律责任?

法律依据

《社会救助暂行办法》

第六十八条　采取虚报、隐瞒、伪造等手段，骗取社会救助资金、物资或者服务的，由有关部门决定停止社会救助，责令退回非法获取的救助资金、物资，可以处非法获取的救助款额或者物资价值1倍以上3倍以下的罚款；构成违反治安管理行为的，依法给予治安管理处罚。

第六十九条　违反本办法规定，构成犯罪的，依法追究刑事责任。

依法答疑

如果需要申请低保，应当按照规定提交相应的证明文件，并保证证明文件的真实性。申请人的情况属实且符合国家规定的标准，可以享受低保待遇。如果为了骗取低保待遇，而伪造证明文件，申请人不仅无法享受低保待遇，还将承担相应的法律后果。

在上面的案例中，赵某为了获取低保待遇，计划伪造低收入证明，如果其实施了相关行为，并成功骗取低保待遇，那么将承担被停止社会救助、责令退回救助资金、处以罚款，甚至受到治安管理处罚的法律后果。构成犯罪的，还会被依法追究刑事责任。

163. 哪些人属于特困人员？应如何进行供养？

现实困惑

张老太是一名孤寡老人，丈夫以及子女都早早去世，她既没有子女赡养，也没有退休金，生活非常困难。请问，张老太是否属于特困人员？国家应当如何对她进行供养？

法律依据

《社会救助暂行办法》

第十四条 国家对无劳动能力、无生活来源且无法定赡养、抚养、扶养义务人，或者其法定赡养、抚养、扶养义务人无赡养、抚养、扶养能力的老年人、残疾人以及未满16周岁的未成年人，给予特困人员供养。

第十五条 特困人员供养的内容包括：

（一）提供基本生活条件；

（二）对生活不能自理的给予照料；

（三）提供疾病治疗；

（四）办理丧葬事宜。

特困人员供养标准，由省、自治区、直辖市或者设区的市级人民政府确定、公布。

特困人员供养应当与城乡居民基本养老保险、基本医疗保障、最低生活保障、孤儿基本生活保障等制度相衔接。

依法答疑

特困人员具有以下特征：第一，是老年人、残疾人或未满16周岁的未成年人；第二，没有劳动能力，并且没有生活来源；第三，没有其他赡养、抚养、扶养人，或者赡养、抚养、扶养人没有相应能力。对于特困人员来说，要维持基本生活是十分困难的，需要国家予以帮助。在对特困人员进行供养时，要充分考虑其需要，从基本生活、医疗、丧葬等多方面加以关照。

在上面的案例中，张老太年迈体弱，没有劳动能力和生活来源，也没有子女赡养，属于法律规定的特困人员的范畴。当地政府应当为她提供基本的生活条件。如果张老太因病不能自理，还应当派人对她进行照料。张老太如果有就医需求，政府也应当提供帮助。同时，张老太去世后，丧葬事宜也应当由政府承担。

164. 什么情况下应当给予教育救助？

现实困惑

苗苗今年13岁，是低保家庭的孩子。苗苗本应在学校上学，但由于父母收入低微，需要外出打工，她只能和奶奶在家照顾弟弟。请问，是否应当为苗苗提供教育救助？

法律依据

《社会救助暂行办法》

第三十三条　国家对在义务教育阶段就学的最低生活保障家庭成员、特困供养人员，给予教育救助。

对在高中教育（含中等职业教育）、普通高等教育阶段就学的最低生活保障家庭成员、特困供养人员，以及不能入学接受义务教育的残疾儿童，根据实际情况给予适当教育救助。

第三十四条　教育救助根据不同教育阶段需求，采取减免相关费用、发放助学金、给予生活补助、安排勤工助学等方式实施，保障教育救助对象基本学习、生活需求。

依法答疑

教育救助制度，是指国家为了让不同教育阶段的适龄人员能够获得接受教育的机会，保障他们接受教育的权利，从而对他们提供救助的制度。对于处于不同教育阶段的人员，国家所给予的救助措施也不尽相同。在为教育救助对象提供救助时，应当考虑其具体需求，采取减免相关费用、发放助学金、给予生活补助、安排勤工助学等方式，帮助其完成学业。

在上面的案例中，苗苗家是低保家庭，苗苗属于教育救助对象。苗苗才13岁，还处于义务教育阶段，当地政府可以向她发放助学金，或者给予一定的生活补助，帮助她尽早回到学校。

165. 哪些人可以申请医疗救助？救助方式有哪些？

现实困惑

胡奶奶是一名特困供养人员。请问，胡奶奶是否可以申请医疗救助？医疗救助一般以哪些方式进行？

法律依据

《社会救助暂行办法》

第二十八条　下列人员可以申请相关医疗救助：

（一）最低生活保障家庭成员；

（二）特困供养人员；

（三）县级以上人民政府规定的其他特殊困难人员。

第二十九条　医疗救助采取下列方式：

（一）对救助对象参加城镇居民基本医疗保险或者新型农村合作医疗的个人缴费部分，给予补贴；

（二）对救助对象经基本医疗保险、大病保险和其他补充医疗保险支付后，个人及其家庭难以承担的符合规定的基本医疗自负费用，给予补助。

医疗救助标准，由县级以上人民政府按照经济社会发展水平和医疗救助资金情况确定、公布。

依法答疑

医疗救助制度，是指国家为那些经济较为困难，就医没有保障的人员提供救助的制度，从而减轻这些人的就医负担，保障其基本的就医权利。根据相关规定，只有特定的人员可以申请医疗救助。医疗救助主要通过两种方式展开：第一，为救助对象提供医疗保险方面的救助；第二，对医保难以覆盖的部分费用给予一定的补助。

在上面的案例中，胡奶奶是一名特困供养人员，属于可以申请医疗救助的人。胡奶奶可以向当地政府申请医疗救助，由当地政府为她补贴医保的个人缴费部分，从而保障她能够享受医保待遇。同时，如果胡奶奶在看病时，遇到医保无法报销的个人负担费用，政府也会对她进行相应的补助。

166. 什么情况下应得到临时救助？

现实困惑

胡女士家中因电路老化突发火灾，虽然没有人员伤亡，但财产损失严重，一家人要暂时租房居住，生活遇到了严重的困难。请问，在这种情况下，胡女士一家能得到临时救助吗？

法律依据

《社会救助暂行办法》

第四十七条　国家对因火灾、交通事故等意外事件，家庭成员突发重大疾病等原因，导致基本生活暂时出现严重困难的家庭，或者因生活必需支出突然增加超出家庭承受能力，导致基本生活暂时出现严重困难的最低生活保障家庭，以及遭遇其他特殊困难的家庭，给予临时救助。

第五十条　国家对生活无着的流浪、乞讨人员提供临时食宿、急病救治、协助返回等救助。

第五十一条　公安机关和其他有关行政机关的工作人员在执行公务时发现流浪、乞讨人员的，应当告知其向救助管理机构求助。对其中的残疾人、未成年人、老年人和行动不便的其他人员，应当引导、护送到救助管理机构；对突发急病人员，应当立即通知急救机构进行救治。

依法答疑

临时救助具有临时性、短期性的特点，所针对的是那些突然遇到特殊困难，导致生活无法得到保障的家庭。除此以外，国家对流浪和乞讨人员也会提供相应的临时救助措施，帮助其尽快回归正常生活。对于暂时遇到特殊困难的人员，临时救助措施应当从保障其短期内生活基本质量的角度出发，为其提供救助。而对于流浪和乞讨人员，应当为其提供食宿、医疗等救助措施，帮助其返回家乡，找到赡养、扶养、抚养义务人。

在上面的案例中，胡女士可以向当地政府提供相关证明材料，申请临时救助措施。

167. 如何为妇女提供就业帮扶？

现实困惑

吴女士因先天性残疾被父母遗弃，在福利院长大。成年后，吴女士面临就业的难题。请问，如何对吴女士进行就业帮扶？

法律依据

《妇女权益保障法》

第五十二条 各级人民政府和有关部门应当采取必要措施，加强贫困妇女、老龄妇女、残疾妇女等困难妇女的权益保障，按照有关规定为其提供生活帮扶、就业创业支持等关爱服务。

《社会救助暂行办法》

第四十二条 国家对最低生活保障家庭中有劳动能力并处于失业状态的成员，通过贷款贴息、社会保险补贴、岗位补贴、培训补贴、费用减免、公益性岗位安置等办法，给予就业救助。

第四十三条 最低生活保障家庭有劳动能力的成员均处于失

业状态的，县级以上地方人民政府应当采取有针对性的措施，确保该家庭至少有一人就业。

依法答疑

对妇女提供的就业帮扶可以从以下三个方面进行：第一，对老年妇女、贫困妇女、残疾妇女等有特殊困难而难以找到工作的群体，提供就业创业支持，促进其就业；第二，对享受低保待遇，有劳动能力，但处在失业状态的妇女，给予一系列的就业救助；第三，对于享受低保待遇，且家庭中有劳动能力的成员都处于失业状态的，应当采取措施确保至少一人就业，来保障该家庭的基本生活。

在上面的案例中，吴女士为残疾人，且孤身一人，可以向政府申请相关的帮扶和救助。

168. 丈夫是烈士，妻子可以享受哪些优抚待遇?

现实困惑

庄女士的丈夫是一名军人，在一次抢险救灾任务中光荣牺牲，被授予烈士称号。请问，庄女士作为烈士遗属，可以享受什么样的优抚待遇?

法律依据

《宪法》

第四十五条 中华人民共和国公民在年老、疾病或者丧失劳动能力的情况下，有从国家和社会获得物质帮助的权利。国家发展为公民享受这些权利所需要的社会保险、社会救济和医疗卫生事业。

国家和社会保障残废军人的生活，抚恤烈士家属，优待军人家属。

国家和社会帮助安排盲、聋、哑和其他有残疾的公民的劳动、生活和教育。

《英雄烈士保护法》

第二十一条 国家实行英雄烈士抚恤优待制度。英雄烈士遗属按照国家规定享受教育、就业、养老、住房、医疗等方面的优待。抚恤优待水平应当与国民经济和社会发展相适应并逐步提高。

国务院有关部门、军队有关部门和地方人民政府应当关心英雄烈士遗属的生活情况，每年定期走访慰问英雄烈士遗属。

《烈士褒扬条例》

第十四条 国家建立烈士褒扬金制度。烈士褒扬金标准为烈士牺牲时上一年度全国城镇居民人均可支配收入的30倍。战时，参战牺牲的烈士褒扬金标准可以适当提高。

烈士褒扬金由领取烈士证书的烈士遗属户口所在地县级人民

政府退役军人事务部门发给烈士的父母或者抚养人、配偶、子女；没有父母或者抚养人、配偶、子女的，发给烈士未满18周岁的兄弟姐妹和已满18周岁但无生活来源且由烈士生前供养的兄弟姐妹。

第十七条　烈士生前的配偶再婚后继续赡养烈士父母，继续抚养烈士未满18周岁或者已满18周岁但无劳动能力、无生活来源且由烈士生前供养的兄弟姐妹的，由其户口所在地的县级人民政府退役军人事务部门参照烈士遗属定期抚恤金的标准给予补助。

第二十二条　……

烈士遗属符合就业条件的，由当地人民政府人力资源社会保障部门优先提供就业服务。烈士遗属已经就业，用人单位经济性裁员时，应当优先留用。烈士遗属从事个体经营的，市场监督管理、税务等部门应当优先办理证照，烈士遗属在经营期间享受国家和当地人民政府规定的优惠政策。

第二十三条　符合住房保障条件的烈士遗属承租廉租住房、购买经济适用住房的，县级以上地方人民政府有关部门应当给予优先、优惠照顾。家住农村的烈士遗属住房有困难的，由当地人民政府帮助解决。

第二十四条　男年满60周岁、女年满55周岁的孤老烈士遗属本人自愿的，可以在光荣院、敬老院集中供养。

各类社会福利机构应当优先接收烈士遗属。

依法答疑

为了肯定烈士的牺牲精神，不仅要对烈士进行表彰，还要对烈士遗属采取一系列优抚措施。这不仅是宪法、法律的规定，更是整个社会朴素道德观的要求，有利于促进良好社会风气的发扬，同时还能安抚烈士遗属的情绪。代替烈士对烈属尽到相应的抚养、赡养、扶养义务，体现国家对烈士的重视。

在上面的案例中，庄女士作为烈士遗属，可以依法享受优抚待遇：第一，可以领取国家发放的烈士褒扬金；第二，如果庄女士再婚后对丈夫的父母继续承担赡养义务，可以领取定期抚恤金；第三，庄女士可以在就业方面享有优先待遇；等等。

第十二章

维权途径指引

诉讼、调解、仲裁是维权的有效途径。本章依托《民事诉讼法》《人民调解法》《仲裁法》《法律援助法》等规定，为女性在日常生活中遇到的法律问题提供维权途径指引。

169. 哪些情况可以寻求公安机关的帮助?

现实困惑

小秦的朋友曾经向她借过5万元钱。出于情谊，小秦当时并未让朋友出具欠条。没想到，朋友出尔反尔，到了约定的还款期限一直赖着不还款。小秦想报警让公安机关来处理。请问，此事是可以报警处理的事项吗？生活中有哪些事情可以报警进行处理呢？

法律依据

《110接处警工作规则》

第十四条　110报警服务台受理报警的范围：

（一）刑事案件；

（二）治安案（事）件；

（三）危及人身、财产安全或者社会治安秩序的群体性事件；

（四）自然灾害、治安灾害事故；

（五）其他需要公安机关处置的与违法犯罪有关的报警。

依法答疑

从以上规定可以看出，公安机关接警的事项一般有三类：第一类是对公民人身伤害较大的案件；第二类是可能危害整体公共安全的案件；第三类是刑事案件。例如，某地发生了聚众斗殴事件，很可能会危害公共安全，破坏公共秩序，可以报警请公安机关进行处理。再如，店家播放的音乐声音很大，严重影响了附近居民的休息，也可以报警请公安机关来制止店家的行为。

在上面的案例中，小秦与朋友之间发生的是借款纠纷，属于民事纠纷。如果小秦想要维权，可以通过调解、仲裁、诉讼等法律手段，让朋友履行还款的义务，不能通过报警的方式来解决。

170. 因经济困难打不起官司，怎样求助？

现实困惑

丰女士离婚时因为没有稳定的工作，孩子被判由前夫直接抚养。但前夫违背协议，不允许她探望孩子。丰女士想要走诉讼程序见自己的孩子一面，又没钱打官司。请问，丰女士能向当地妇联组织求助吗？

法律依据

《中华全国妇女联合会章程》

第四条 维护妇女儿童合法权益，倾听妇女意见，反映妇女诉求，向各级国家机关提出有关建议，要求并协助有关部门或单位查处侵害妇女儿童权益的行为，为受侵害的妇女儿童提供帮助。

依法答疑

从妇联章程规定可以看出，帮助妇女维护合法权益，为有困难的妇女提供帮助，是妇联的基本任务之一。妇联作为我国的妇女组织，是广大女性强有力的后盾。当女性遭遇自己无法解决的困难时，可以向妇联寻求帮助。

在上面的案例中，丰女士想要行使对孩子的探望权，又因没钱打不起官司，可以向当地妇联寻求帮助。妇联可以在了解丰女士的情况后，为她提供相应的法律建议，对她与前夫之间的纠纷进行调解，从而帮助丰女士尽早见到孩子。如果丰女士确实经济困难，还可以到当地的法律援助机构寻求帮助，由法律援助机构为她提供法律援助，向法院提起诉讼。

171. 在哪些情况下可以申请人民调解？

现实困惑

因楼上邻居张某家里的管道漏水，景女士家中的家具被泡坏了。景女士要求张某赔偿，但是两人就赔偿金额始终无法达成一致意见。于是，景女士想要到法院提起诉讼。有人告诉她可以先去人民调解委员会申请人民调解。请问，在哪些情况下可以申请人民调解？

法律依据

《人民调解法》

第二条 本法所称人民调解，是指人民调解委员会通过说服、疏导等方法，促使当事人在平等协商基础上自愿达成调解协议，解决民间纠纷的活动。

第十七条 当事人可以向人民调解委员会申请调解；人民调解委员会也可以主动调解。当事人一方明确拒绝调解的，不得调解。

第十八条 基层人民法院、公安机关对适宜通过人民调解方式解决的纠纷，可以在受理前告知当事人向人民调解委员会申请调解。

依法答疑

从法律规定可以看出，人民调解同样是解决民间纠纷的一种方式。与诉讼相比，人民调解有以下优点：第一，程序方便快捷。诉讼程序往往较为漫长，少则几个月，多则大半年，对于解决小额纠纷来说，采取人民调解的方式能更快地使当事人的权益得到保障。第二，无须调解费用。诉讼成本除了时间成本以外，还有诉讼费、律师费等金钱成本。而人民调解是免费的，对于当事人来说没有负担。第三，调解过程更为温和。与诉讼的针锋相对不同，人民调解建立在双方平等自愿的基础上，更容易达成双方都能接受的结果。第四，调解效力与诉讼相同。当事人通过人民调解达成调解协议后，该协议对当事人具有约束力。并且，经过司法确认的人民调解协议可以作为向法院申请强制执行的依据。

涉及财产关系和人身关系的民间纠纷，当事人可以选择通过人民调解的方式解决。需要注意的是，人民调解必须建立在双方自愿的基础之上，如果有一方不愿意进行调解，不能强迫其接受调解。

在上面的案例中，景女士与张某可以先采取人民调解的方式，对赔偿金额加以确定。如果不愿调解或者对调解结果不满的，景女士可以向法院提起诉讼，请求法院进行判决。

172. 哪些人可以申请法律援助？

现实困惑

樊女士是某工厂的工人，在操作机器时不慎受伤。该工厂并没有为樊女士缴纳工伤保险，樊女士受伤后，该工厂一直在推卸责任。樊女士想通过法律途径维权，但自己囊中羞涩，请不起律师。请问，樊女士是否可以申请法律援助？都有哪些人能申请法律援助呢？

法律依据

《法律援助法》

第三十一条 下列事项的当事人，因经济困难没有委托代理人的，可以向法律援助机构申请法律援助：

（一）依法请求国家赔偿；

（二）请求给予社会保险待遇或者社会救助；

（三）请求发给抚恤金；

（四）请求给付赡养费、抚养费、扶养费；

（五）请求确认劳动关系或者支付劳动报酬；

（六）请求认定公民无民事行为能力或者限制民事行为能力；

（七）请求工伤事故、交通事故、食品药品安全事故、医疗事故人身损害赔偿；

（八）请求环境污染、生态破坏损害赔偿；

（九）法律、法规、规章规定的其他情形。

第三十二条 有下列情形之一，当事人申请法律援助的，不受经济困难条件的限制：

（一）英雄烈士近亲属为维护英雄烈士的人格权益；

（二）因见义勇为行为主张相关民事权益；

（三）再审改判无罪请求国家赔偿；

（四）遭受虐待、遗弃或者家庭暴力的受害人主张相关权益；

（五）法律、法规、规章规定的其他情形。

依法答疑

法律援助，是国家建立的为经济困难的公民和符合法定条件的其他当事人无偿提供法律咨询、代理、刑事辩护等法律服务的制度，是公共法律服务体系的组成部分。国家建立法律援助制度，旨在降低维权的门槛和难度，让更多有困难的人能够通过法律途径维护自己的权益，有利于社会主义法治的建设。

从法律规定可以看出，可以申请法律援助的当事人主要有以下两种类型：第一，经济困难无力承担法律服务的成本；第二，所涉及的事项不仅侵害当事人本人的合法权益，还会在一定程度上对社会的公共法益有所影响。允许这些当事人申请法律援助，可以在最大程度上发挥法律援助的价值，帮助更多当事人维权。

在上面的案例中，樊女士与工厂之间的纠纷为工伤事故纠纷，根据法律的规定，是可以申请法律援助的。樊女士可以前往当地的法律援助机构进行咨询，说明自己的情况，以找到最好的方式解决纠纷，从而避免权益受到损害。

173. 在哪些情况下，当事人申请的法律援助会被终止？

现实困惑

杨女士因医疗事故纠纷向当地法律援助中心求助。不久后，一位好心人士知道了杨女士的情况，提出愿意出钱帮她请有名的律师打官司。杨女士接受了帮助并委托了律师。请问，此时杨女士还能继续申请法律援助吗？在哪些情况下当事人申请的法律援助会被终止呢？

法律依据

《法律援助法》

第四十八条 有下列情形之一的，法律援助机构应当作出终止法律援助的决定：

（一）受援人以欺骗或者其他不正当手段获得法律援助；

（二）受援人故意隐瞒与案件有关的重要事实或者提供虚假证据；

（三）受援人利用法律援助从事违法活动；

（四）受援人的经济状况发生变化，不再符合法律援助条件；

（五）案件终止审理或者已经被撤销；

（六）受援人自行委托律师或者其他代理人；

（七）受援人有正当理由要求终止法律援助；

（八）法律法规规定的其他情形。

法律援助人员发现有前款规定情形的，应当及时向法律援助机构报告。

依法答疑

法律规定了应当终止法律援助的几种情形。法律援助制度设立的初衷是为了在最大程度上帮助那些因特殊情况没有能力委托律师的当事人维护自己的权益，感受到司法的公平正义。为了让法律援助制度服务更多有需要的人，一旦当事人不具备申请法律援助的条件，或者发现当事人申请法律援助时存在欺诈行为，应当终止对该当事人的法律援助。

在上面的案例中，杨女士在好心人士的帮助下自行委托律师，其申请的法律援助应当终止。

174. 在什么情况下可以向法院提起民事诉讼？

现实困惑

戴女士在网上购物时与店家发生了一些纠纷，店家把她的个人信息泄露给其他网站，导致她的生活受到了严重干扰。请问，戴女士能否就此向法院提起民事诉讼？在哪些情况下，可以向法院提起民事诉讼呢？

法律依据

《民事诉讼法》

第三条 人民法院受理公民之间、法人之间、其他组织之间以及他们相互之间因财产关系和人身关系提起的民事诉讼，适用本法的规定。

依法答疑

从法律规定可以看出，民事诉讼指的是因财产关系和人身关系提起的诉讼。公民、法人、其他组织都可能向法院提起民事诉讼。在某些情况下，国家机关也可以成为民事诉讼的主体。只要诉讼的内容是财产关系和人身关系，就属于民事诉讼的范围。

在上面的案例中，戴女士与店家之间的纠纷属于人身关系纠纷，她有权向法院提起民事诉讼，要求店家承担法律责任。

175. 向法院起诉离婚但未判离，多长时间后才能再起诉？

现实困惑

易女士与丈夫性格不合，向法院提起离婚诉讼。法院认为二人感情尚未完全破裂，判决不准离婚。判决书下达后，易女士仍然想要离婚。请问，易女士多长时间后才能再提起离婚诉讼？

法律依据

《民事诉讼法》

第一百二十七条　人民法院对下列起诉，分别情形，予以处理：

……

（七）判决不准离婚和调解和好的离婚案件，判决、调解维持收养关系的案件，没有新情况、新理由，原告在六个月内又起诉的，不予受理。

依法答疑

从法律规定可以看出，提起离婚诉讼后被法院判决不准离婚的，当事人仍然能继续提起离婚诉讼，但是需要注意两个问题：第一，一般来说，重新提起离婚诉讼应当在初次判决生效六个月以后。这样规定是为了让当事人能够更加谨慎地对待判决以及双方之间的婚姻关系，有利于挽救那些感情尚未完全破裂的夫妻，避免发生冲动离婚的情况。如果在不准离婚的判决生效后，当事人仍然想要离婚，可以前往婚姻登记机关办理离婚登记手续，或者在六个月以后再次向法院提起诉讼。第二，如果当事人发现了导致离婚的新情况、新理由，再次提起离婚诉讼的时间不受六个月的限制。例如，甲、乙两人为夫妻，提起离婚诉讼后被判决不准离婚。判决生效后，甲发现乙与他人存在婚外情。在这种情况下，甲可以向法院再次提起离婚诉讼，并向法院提交乙出轨的证据。

在上面的案例中，易女士应当在六个月以后再向法院提起诉讼。如果她发现丈夫存在其他过错，也可以在收集相应证据后，再次向法院起诉。

176. 在哪些情况下当事人可以申请审判人员回避？

现实困惑

金女士因子女探望权纠纷，将前夫诉至法院。开庭时金女士发现审判员竟然是前夫的高中同学。请问，金女士能否申请审判员回避？在哪些情况下当事人可以申请审判人员回避呢？

法律依据

《民事诉讼法》

第四十七条 审判人员有下列情形之一的，应当自行回避，当事人有权用口头或者书面方式申请他们回避：

（一）是本案当事人或者当事人、诉讼代理人近亲属的；

（二）与本案有利害关系的；

（三）与本案当事人、诉讼代理人有其他关系，可能影响对案件公正审理的。

审判人员接受当事人、诉讼代理人请客送礼，或者违反规定会见当事人、诉讼代理人的，当事人有权要求他们回避。

审判人员有前款规定的行为的，应当依法追究法律责任。

前三款规定，适用于法官助理、书记员、司法技术人员、翻译人员、鉴定人、勘验人。

第四十九条　院长担任审判长或者独任审判员时的回避，由审判委员会决定；审判人员的回避，由院长决定；其他人员的回避，由审判长或者独任审判员决定。

依法答疑

作为审判人员，在审判过程中应当做到公平公正，以事实为根据，以法律为准绳，充分结合案件事实以及法律的规定，作出合法合理的判决。为了保证审判活动的公正性，保障双方当事人的合法权益，法律赋予当事人申请审判人员回避的权利。同时，审判人员如果存在法律规定的应当回避的情形的，应当主动自行回避。否则，当事人有权提出回避申请。

在上面的案例中，金女士发现审判员与前夫是同学。同学关系属于法律所规定的“其他关系”。对于金女士来讲，她无法判断审判员与前夫的关系如何以及是否会影响到案件的公正审理，但她在审判员没有自行回避的情况下有权提出回避申请。之后，该回避申请能否被采纳，则交由法院院长决定。

177. 自己无法收集到需要提供的证据，还能维权吗？

现实困惑

万女士与他人发生纠纷，想要提起诉讼。但是，她因客观原因无法收集到关键证据，想直接提起诉讼又担心没有证据会导致败诉。请问，在这种情况下，万女士能否向法院申请调查取证呢？

法律依据

《民事诉讼法》

第六十七条 当事人对自己提出的主张，有责任提供证据。

当事人及其诉讼代理人因客观原因不能自行收集的证据，或者人民法院认为审理案件需要的证据，人民法院应当调查收集。

人民法院应当按照法定程序，全面地、客观地审查核实证据。

《最高人民法院关于适用〈中华人民共和国民事诉讼法〉的解释》

第九十四条 民事诉讼法第六十七条第二款规定的当事人及其诉讼代理人因客观原因不能自行收集的证据包括：

（一）证据由国家有关部门保存，当事人及其诉讼代理人无权查阅调取的；

（二）涉及国家秘密、商业秘密或者个人隐私的；

（三）当事人及其诉讼代理人因客观原因不能自行收集的其他证据。

当事人及其诉讼代理人因客观原因不能自行收集的证据，可以在举证期限届满前书面申请人民法院调查收集。

依法答疑

对于当事人来说，在诉讼中提供能够证明其主张的证据是十分必要的，这可能关系到其诉求是否能够得到法院的支持。但是，当事人可能会碍于身份、证据性质等客观原因，无法收集其需要的证据。在这种情况下，法律赋予当事人可以向法院申请调查收集证据的权利。需要注意的是，申请法院调查收集证据，应当具备法律所规定的条件。这是为了提高诉讼效率，避免司法资源的浪费。

在上面的案例中，万女士想要提起诉讼，就必须提交相应的证据以证明自己的主张。但她因客观原因无法收集需要的关键证据，因此，万女士有权在举证期间内向法院提出书面申请，请求法院进行调查取证。

178. 扰乱法庭秩序可能会承担什么法律责任?

现实困惑

虞某因与前夫对子女的抚养权问题协商不成而诉至法院。在法庭上，虞某与前夫相见时难掩愤怒的心情，两人发生口角。审判人员多次警告，两人不仅没有停止，反而愈演愈烈。请问，扰乱法庭秩序，可能会承担什么样的法律责任?

法律依据

《民事诉讼法》

第一百一十三条 诉讼参与人和其他人应当遵守法庭规则。

人民法院对违反法庭规则的人，可以予以训诫，责令退出法庭或者予以罚款、拘留。

人民法院对哄闹、冲击法庭，侮辱、诽谤、威胁、殴打审判人员，严重扰乱法庭秩序的人，依法追究刑事责任；情节较轻的，予以罚款、拘留。

依法答疑

诉讼参与人在诉讼过程中，应当遵守法庭规则，共同维持法庭秩序，否则需要承担相应的法律责任。从法律规定可以看出，对于违反法庭规则、扰乱法庭秩序的人，法院轻则可以对其进行训诫、罚款、拘留等，重则可以追究其刑事责任。

在上面案例中，虞某与前夫在法庭上发生口角，经审判人员多次警告仍未停止，扰乱了法庭的秩序。法院有权对两人予以训诫，责令两人退出法庭等。

179. 哪些纠纷能通过仲裁方式解决?

现实困惑

苏女士与他人发生了经济纠纷，对方不接受调解。苏女士经咨询得知诉讼程序耗费时间长，并且比较复杂，她可以通过仲裁的方法解决纠纷。请问，苏女士是否可以向仲裁委员会提起仲裁？哪些纠纷可以仲裁？

法律依据

《仲裁法》

第二条　平等主体的公民、法人和其他组织之间发生的合同纠纷和其他财产权益纠纷，可以仲裁。

第三条　下列纠纷不能仲裁：

（一）婚姻、收养、监护、扶养、继承纠纷；

（二）依法应当由行政机关处理的行政争议。

第四条　当事人采用仲裁方式解决纠纷，应当双方自愿，达成仲裁协议。没有仲裁协议，一方申请仲裁的，仲裁委员会不予受理。

第十六条 仲裁协议包括合同中订立的仲裁条款和以其他书面方式在纠纷发生前或者纠纷发生后达成的请求仲裁的协议。

仲裁协议应当具有下列内容：

（一）请求仲裁的意思表示；

（二）仲裁事项；

（三）选定的仲裁委员会。

依法答疑

从法律规定可以看出，仲裁所调整的是平等主体之间的合同纠纷和其他财产权益纠纷，涉及婚姻、收养、监护、扶养、继承等人身权益纠纷以及应由行政机关处理的行政争议不能通过仲裁的方式解决。

在上面的案例中，苏女士与他人发生的是经济纠纷，可以通过仲裁进行解决。

还需要注意的是，仲裁必须在有明确有效的仲裁协议的前提下才能进行。当事人可以在订立合同时对发生纠纷时需要仲裁、向哪里的仲裁委员会提起仲裁等内容进行约定。如果双方当事人没有在合同中约定此类内容，当纠纷发生后，也可以达成相关的仲裁协议，再去申请仲裁。

180. 对仲裁结果不服还能再次申请仲裁吗?

现实困惑

毕女士因合同纠纷，向当地仲裁委员会提出仲裁。收到仲裁裁决书后，毕女士认为最终确定的违约金数额不合理。请问，她是否还能再次申请仲裁?

法律依据

《仲裁法》

第九条　仲裁实行一裁终局的制度。裁决作出后，当事人就同一纠纷再申请仲裁或者向人民法院起诉的，仲裁委员会或者人民法院不予受理。

裁决被人民法院依法裁定撤销或者不予执行的，当事人就该纠纷可以根据双方重新达成的仲裁协议申请仲裁，也可以向人民法院起诉。

依法答疑

根据法律的规定，我国仲裁采取一裁终局的制度。这表明，当仲裁裁决作出后，当事人应当按照裁决书履行义务，不能再就同一纠纷再次申请仲裁或向法院起诉。但是，这并不代表当事人不能采用其他方式维护自己的权利。如果当事人不服仲裁裁决可以申请撤销仲裁，或者在对方当事人向法院申请强制执行时提出证据证明仲裁裁决具有法定不予执行的情形。当原本的裁决被撤销或确定不予执行后，当事人可以根据重新达成的仲裁协议再次申请仲裁，或者直接向法院起诉。

在上面的案例中，毕女士虽然对裁决结果不服，但依照法律的规定，当裁决作出后，毕女士已经不能再针对同一纠纷提起仲裁或起诉了。如果毕女士有证据证明该裁决可以被撤销，可以向当地的中级人民法院提出撤销裁决书的申请。

181. 在哪些情况下可以申请撤销已作出的仲裁裁决？

现实困惑

李女士与他人发生借款合同纠纷后，该纠纷交由当地仲裁委员会仲裁。仲裁裁决书作出后，李女士发现对方提出的证据是伪造的。请问，李女士是否能申请撤销已作出的裁决？在哪些情况下当事人可以申请撤销裁决呢？

法律依据

《仲裁法》

第五十八条 当事人提出证据证明裁决有下列情形之一的，可以向仲裁委员会所在地的中级人民法院申请撤销裁决：

（一）没有仲裁协议的；

（二）裁决的事项不属于仲裁协议的范围或者仲裁委员会无权仲裁的；

（三）仲裁庭的组成或者仲裁的程序违反法定程序的；

（四）裁决所根据的证据是伪造的；

（五）对方当事人隐瞒了足以影响公正裁决的证据的；

（六）仲裁员在仲裁该案时有索贿受贿，徇私舞弊，枉法裁决行为的。

人民法院经组成合议庭审查核实裁决有前款规定情形之一的，应当裁定撤销。

人民法院认定该裁决违背社会公共利益的，应当裁定撤销。

依法答疑

法律规定了当事人可以申请撤销裁决的几种情形。当事人申请撤销裁决时，需要注意以下两个问题：第一，撤销裁决的申请并不是向仲裁委员会提出，而是向仲裁委员会所在地的中级人民法院提出；第二，当事人申请撤销裁决的，应当同时提供相应的证据。

在上面的案例中，李女士在仲裁裁决作出后发现对方提供的证据系伪造的，她可以在收集相关证据后，向当地中级人民法院提出申请，要求撤销已作出的仲裁裁决。

图书在版编目（CIP）数据

女性生活法律百科：常见妇女维权纠纷化解指南 / 马芳编著 .—北京：中国法制出版社，2024.5

ISBN 978-7-5216-4273-5

Ⅰ.①女… Ⅱ.①马… Ⅲ.①妇女权益保障法－中国 Ⅳ.①D922.7

中国国家版本馆 CIP 数据核字（2024）第 046702 号

责任编辑：李宏伟　　封面设计：李　宁

女性生活法律百科：常见妇女维权纠纷化解指南

NÜXING SHENGHUO FALÜ BAIKE: CHANGJIAN FUNÜ WEIQUAN JIUFEN HUAJIE ZHINAN

编著 / 马芳

经销 / 新华书店

印刷 / 应信印务(北京)有限公司

开本 / 880 毫米 ×1230 毫米　32 开　　印张 / 10.75　字数 / 116 千

版次 / 2024 年 5 月第 1 版　　2024 年 5 月第 1 次印刷

中国法制出版社出版

书号 ISBN 978-7-5216-4273-5　　定价：45.00 元

北京市西城区西便门西里甲 16 号西便门办公区

邮政编码：100053　　传真：010-63141600

网址：http://www.zgfzs.com　　编辑部电话：010-63141836

市场营销部电话：010-63141612　　印务部电话：010-63141606

（如有印装质量问题，请与本社印务部联系。）